# TRAITÉ D'ARCHITECTURE

SECOND VOLUME

Contenant

LES FIGURES.

# LES
# ORDRES
# DES
# COLONNES

# ORDRE TOSCAN.

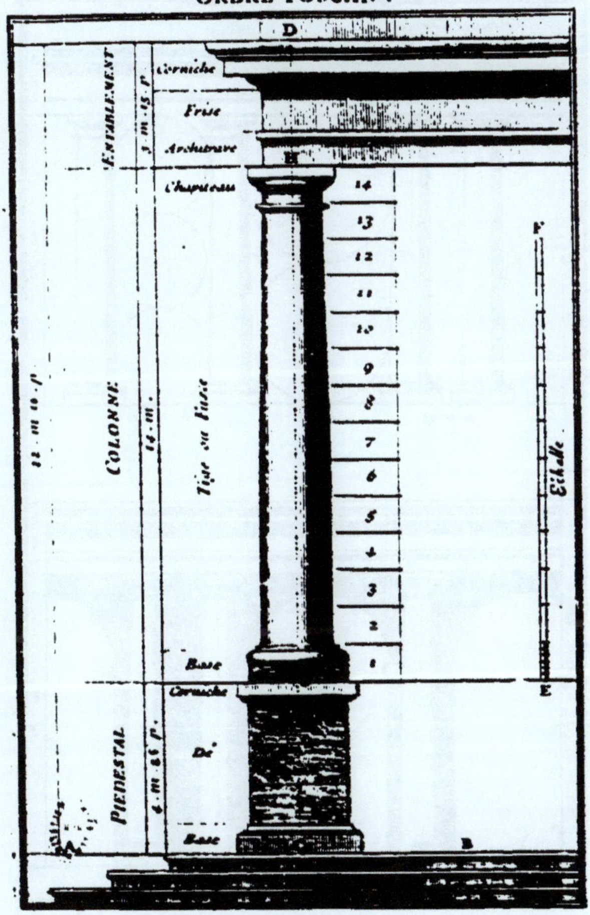

## ORDRE TOSCAN.

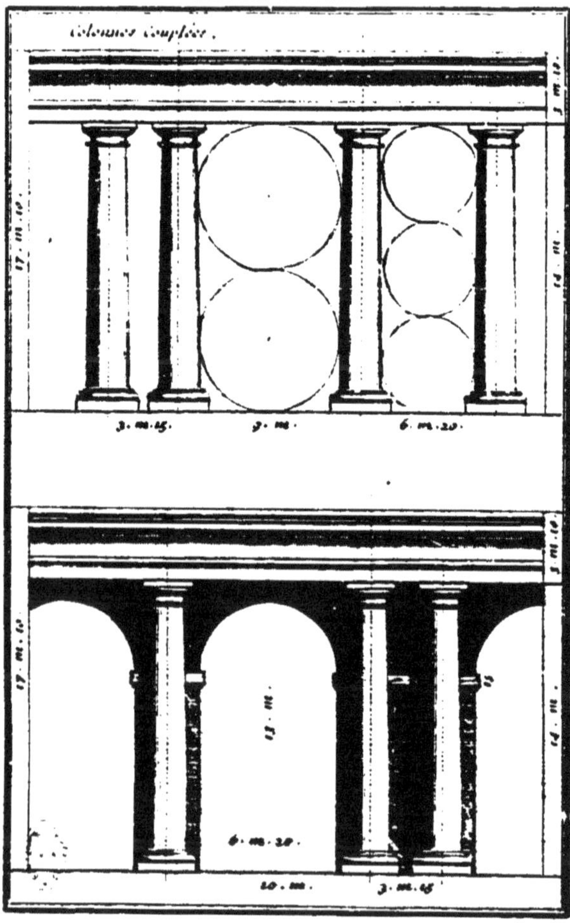

## ORDRE TOSCAN.

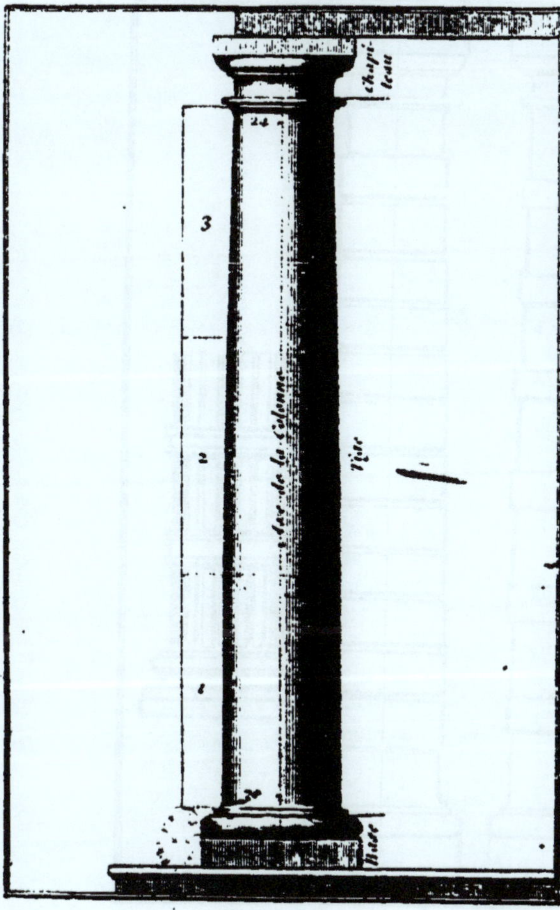

ORDRE TOSCAN

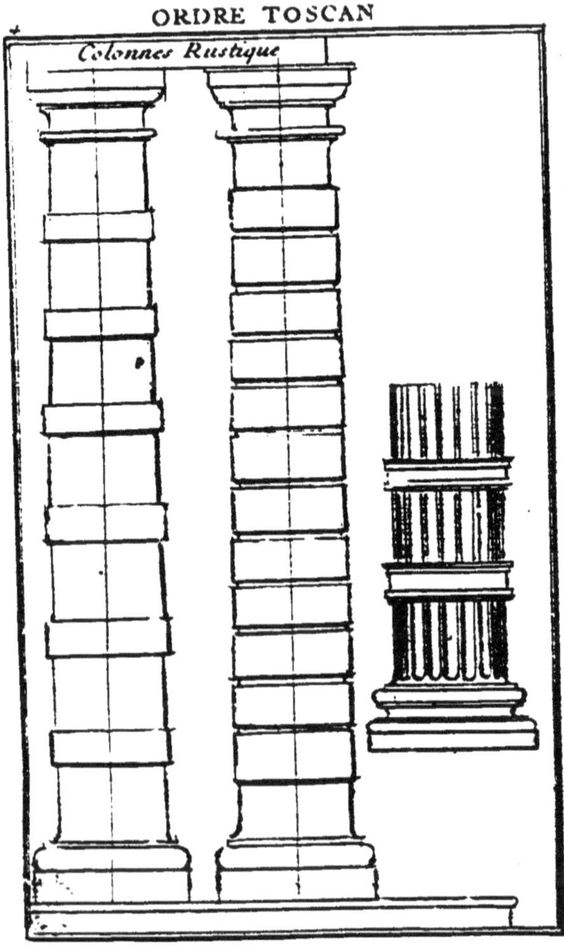

## ORDRE TOSCAN.

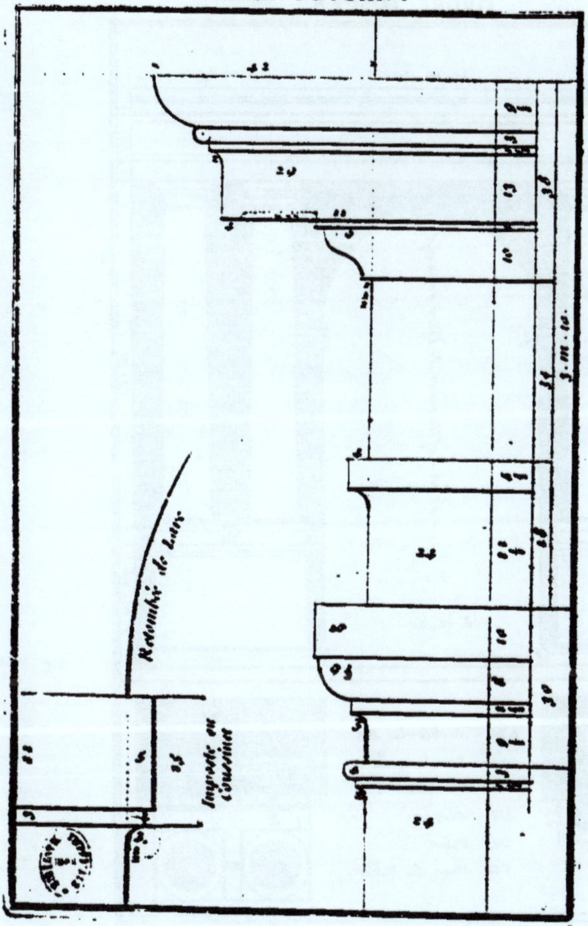

# ORDRE TOSCAN.

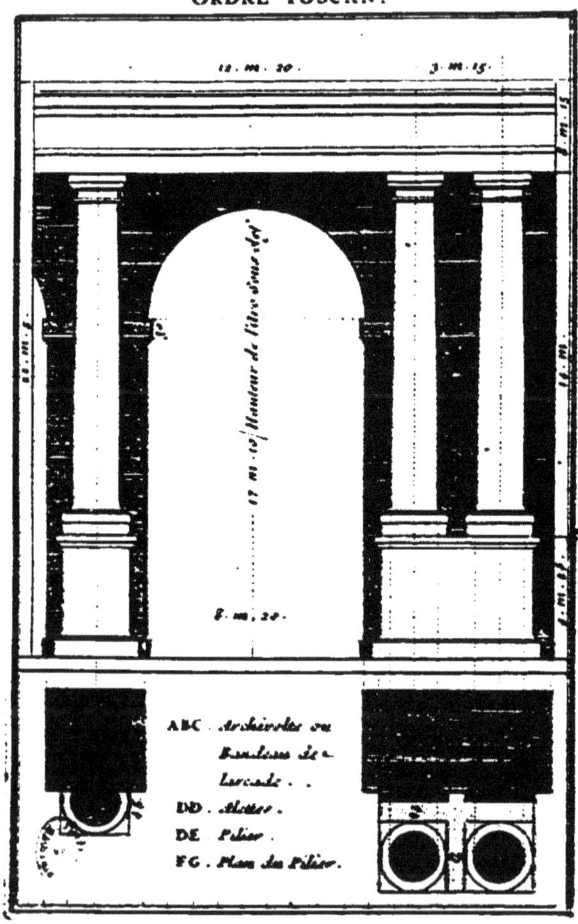

# ORDRE TOSCAN.

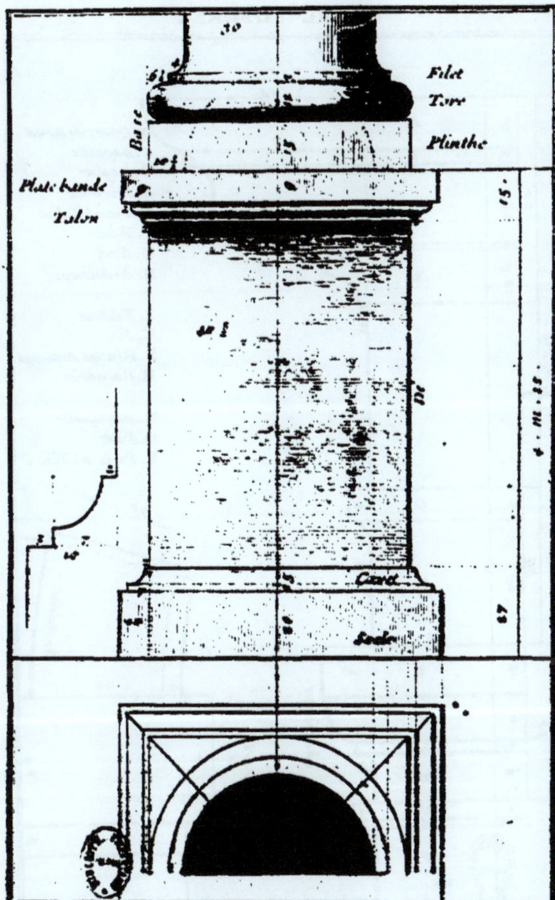

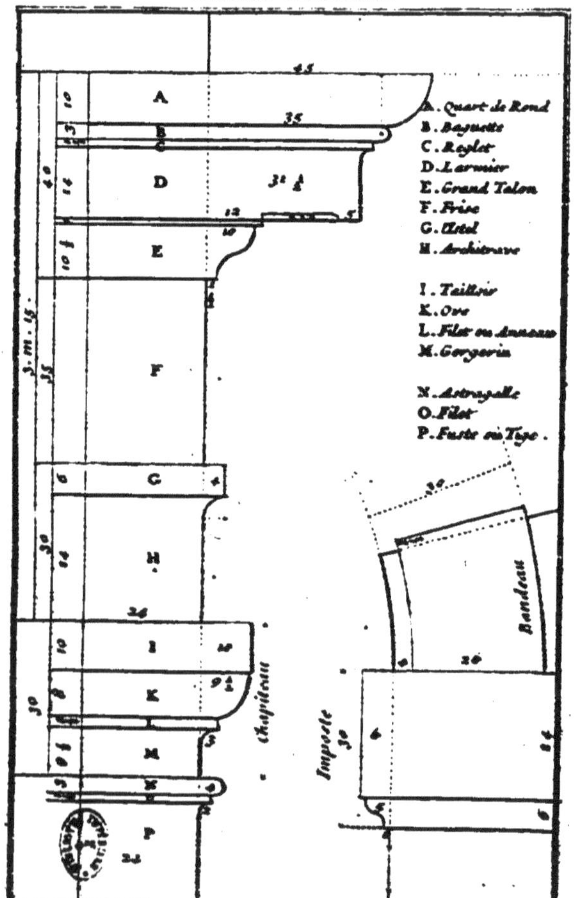
A. Quart de Rond
B. Baguette
C. Reglet
D. Larmier
E. Grand Talon
F. Frise
G. Listel
H. Architrave
I. Tailloir
K. Ove
L. Filet ou Anneau
M. Gorgerin
N. Astragalle
O. Filet
P. Fuste ou Tige.
Chapiteau
Imposte
Bandeau

9

# ORDRE TOSCAN.

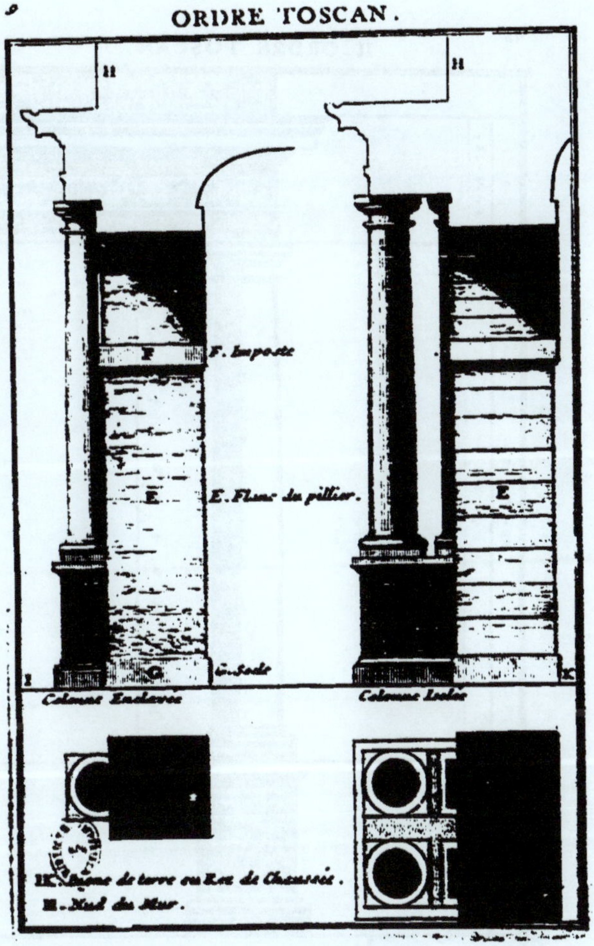

# IIe. ORDRE TOSCAN.

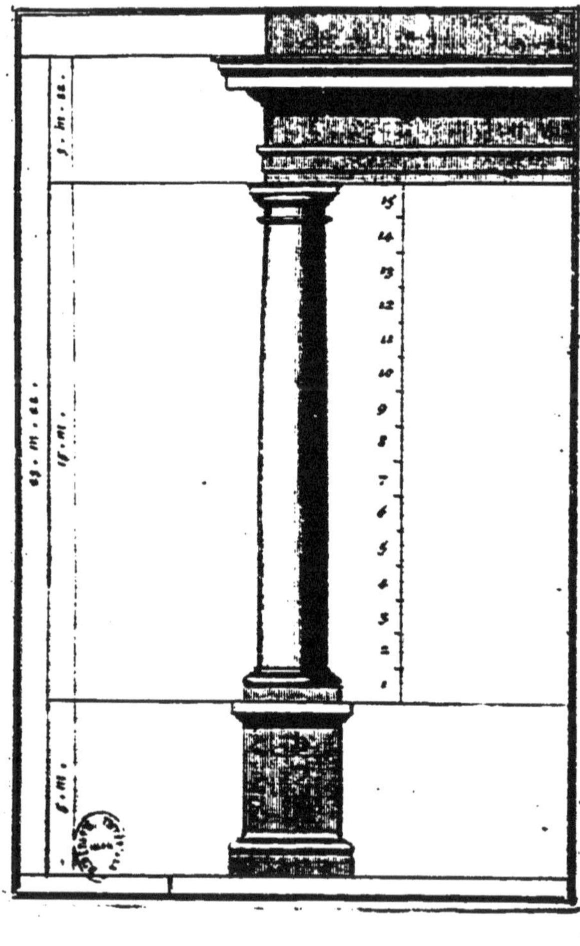

# II.e ORDRE TOSCAN

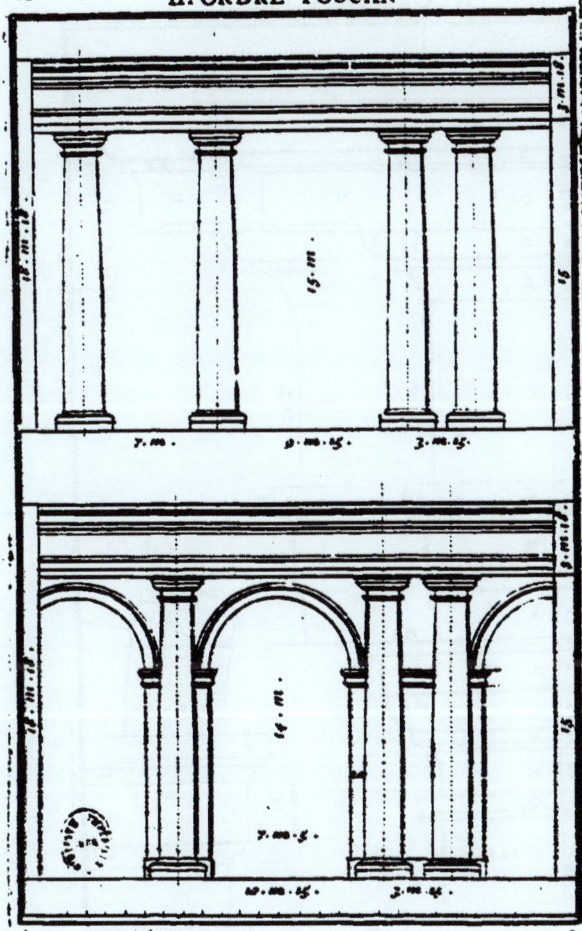

## II^e. ORDRE TOSCAN.

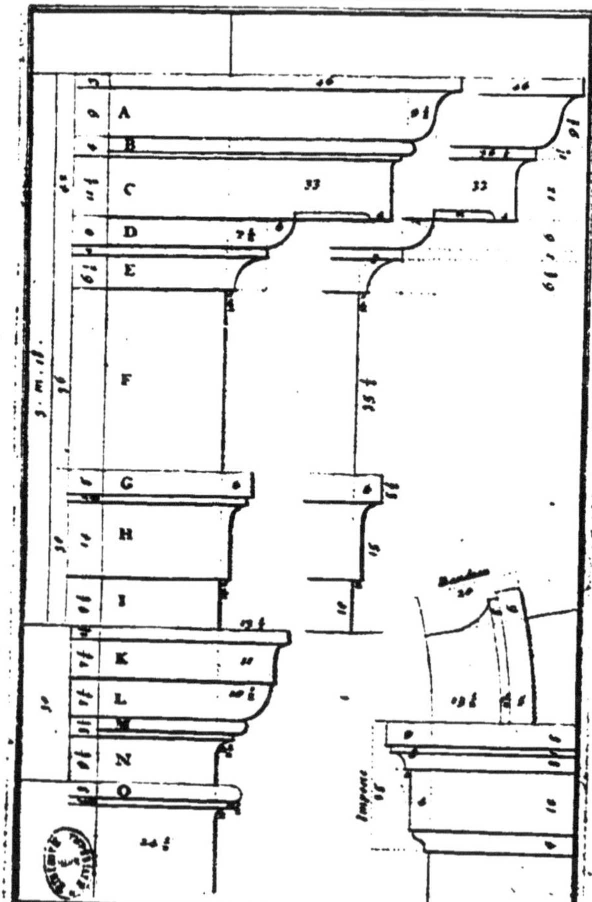

# II. ORDRE TOSCAN.

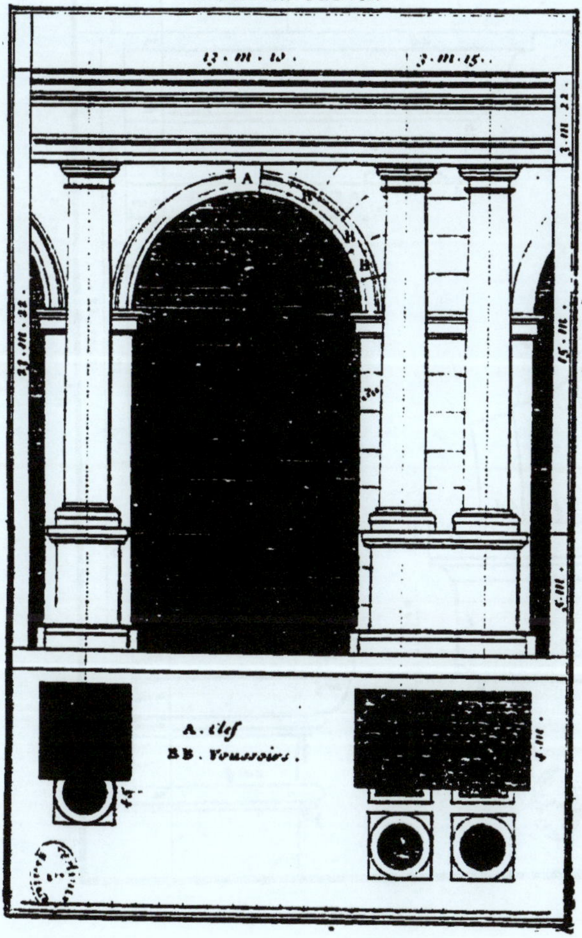

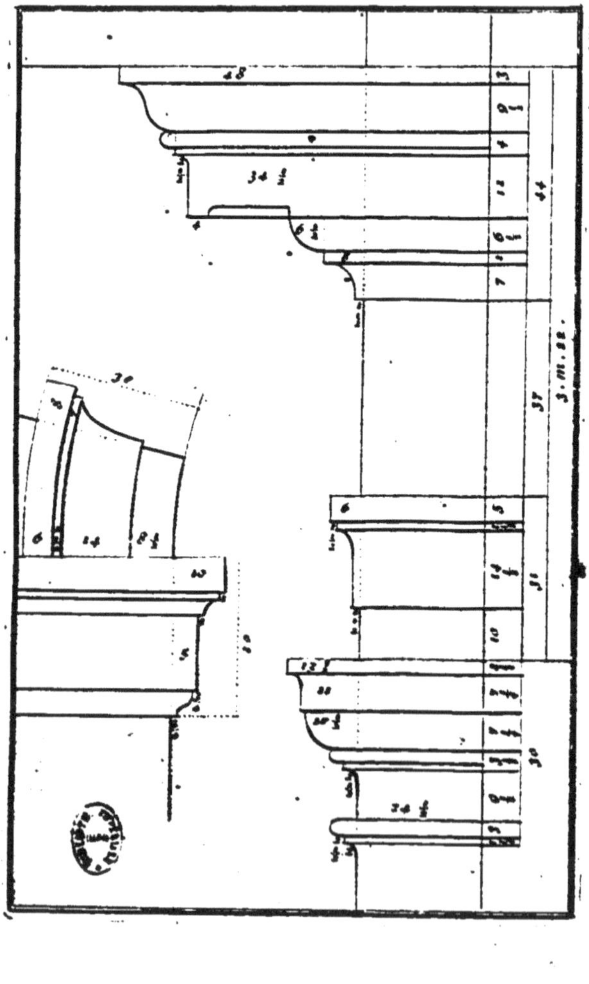

II. ORDRE TOSCAN.

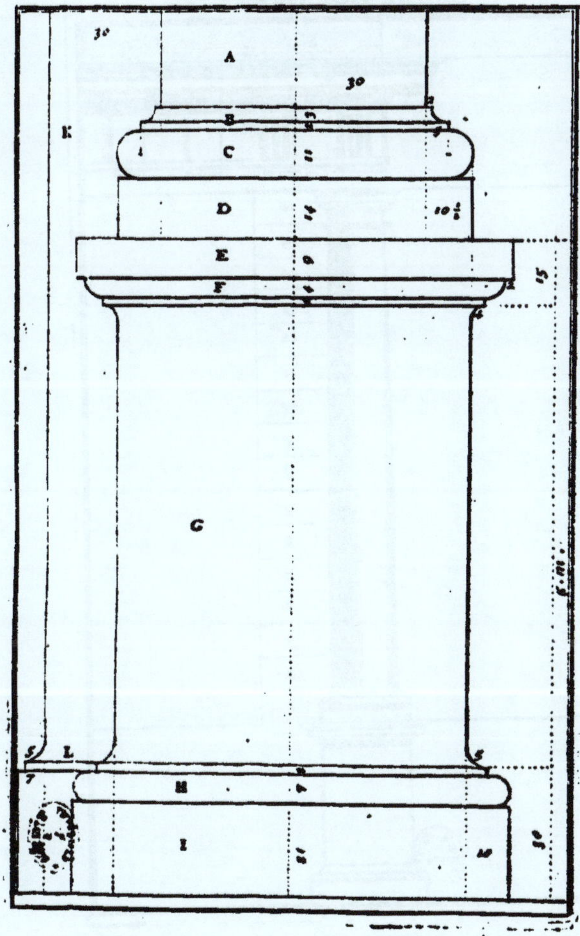

# ORDRE DORIQUE

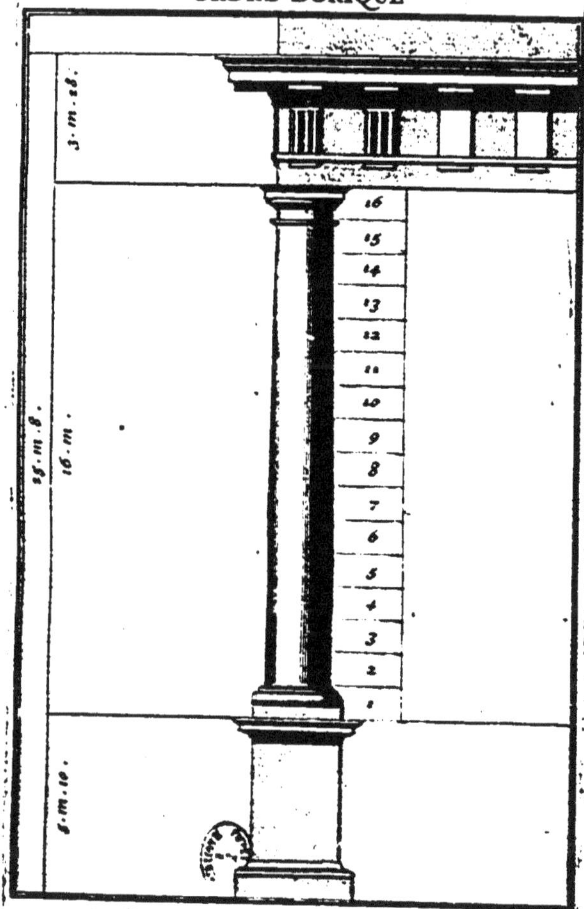

# ORDRE DORIQUE.

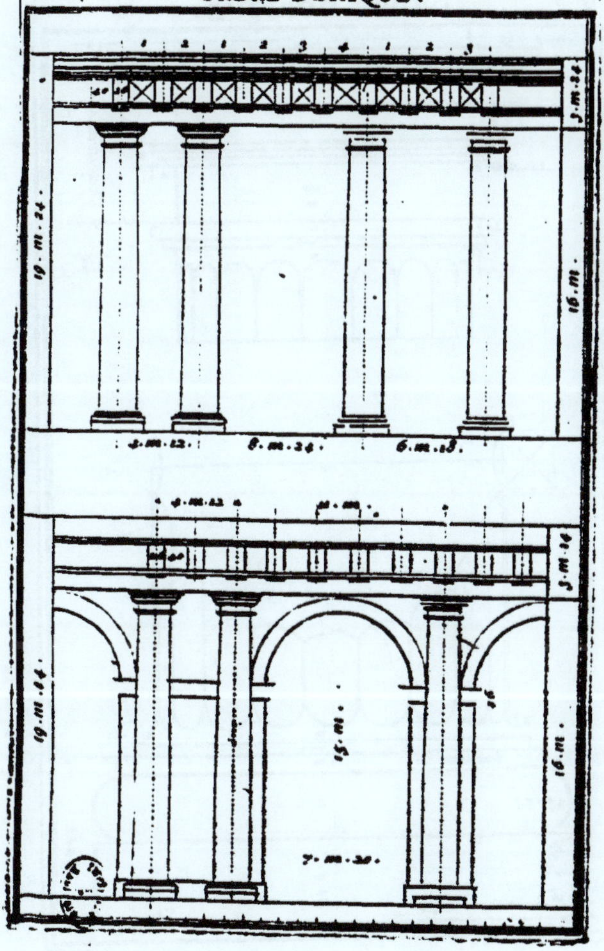

ORDRE DORIQUE.

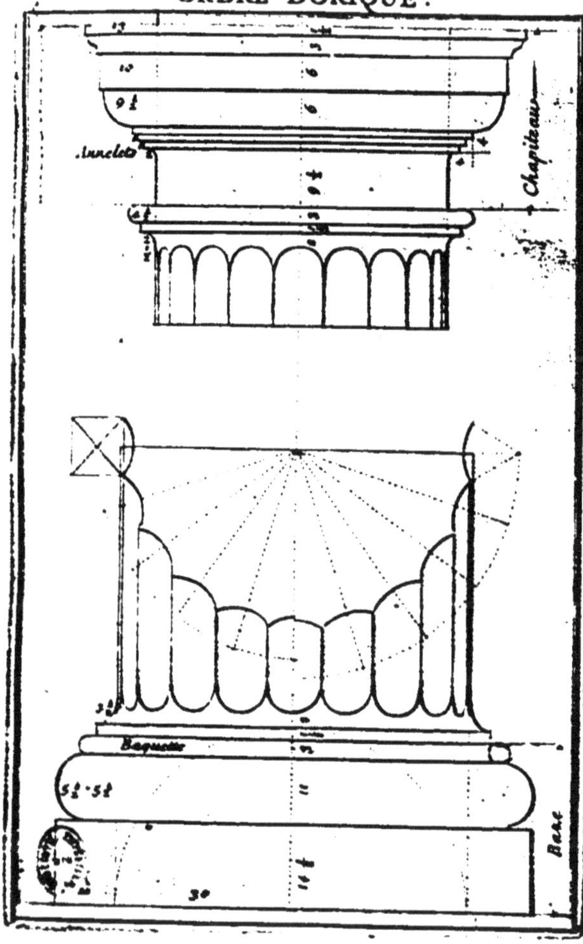

## ORDRE DORIQUE

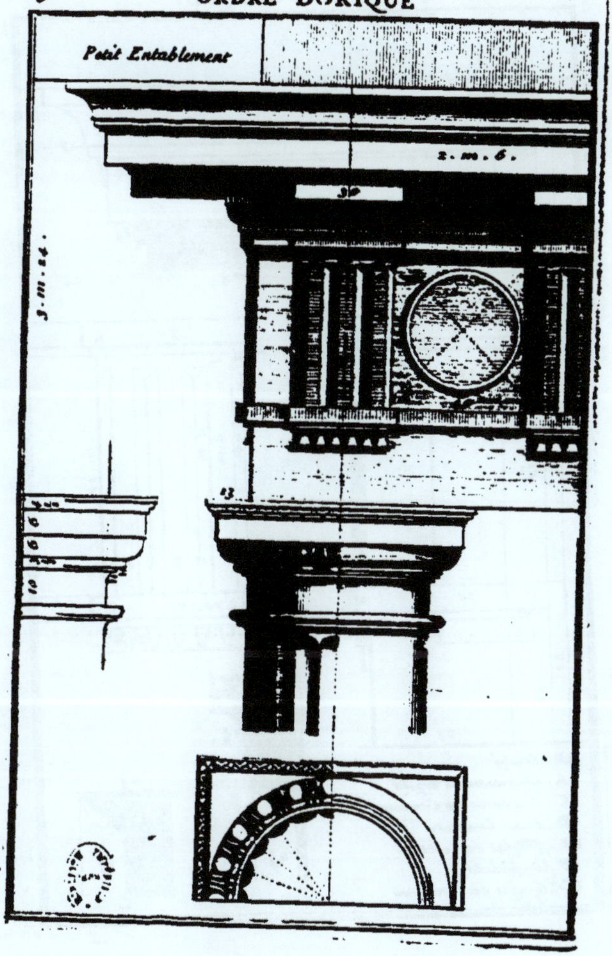

# ORDRE DORIQUE.

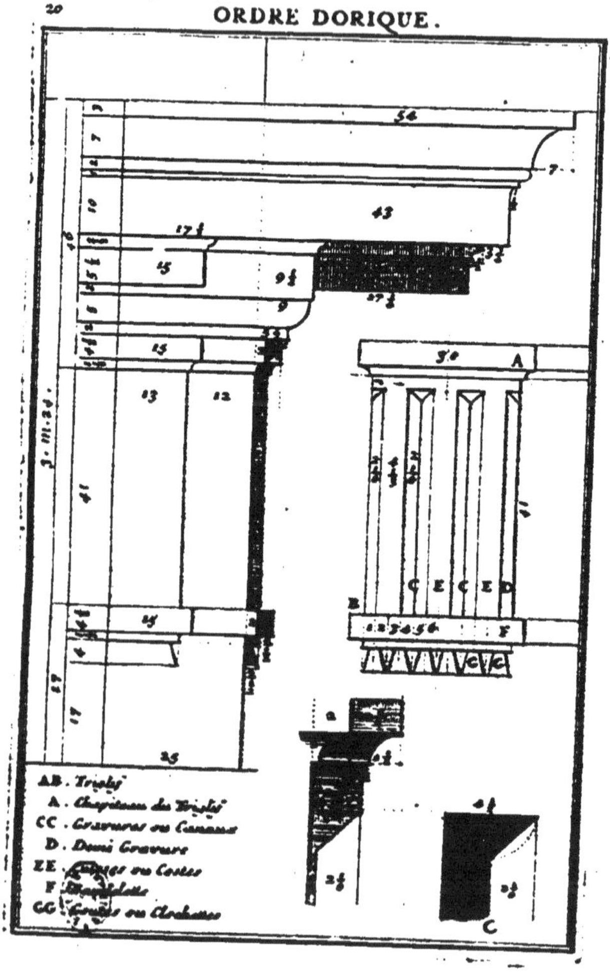

## ORDRE DORIQUE.

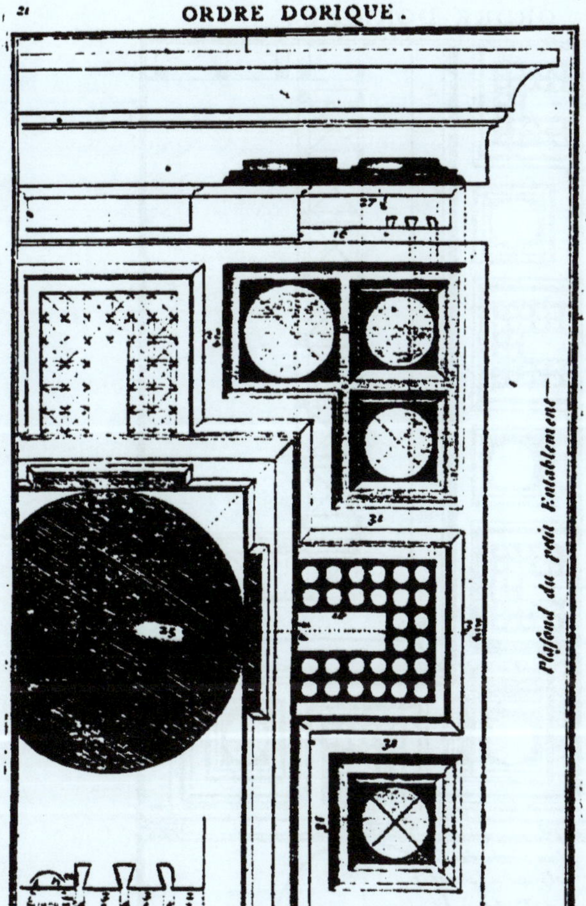

*Plafond du petit Entablement*

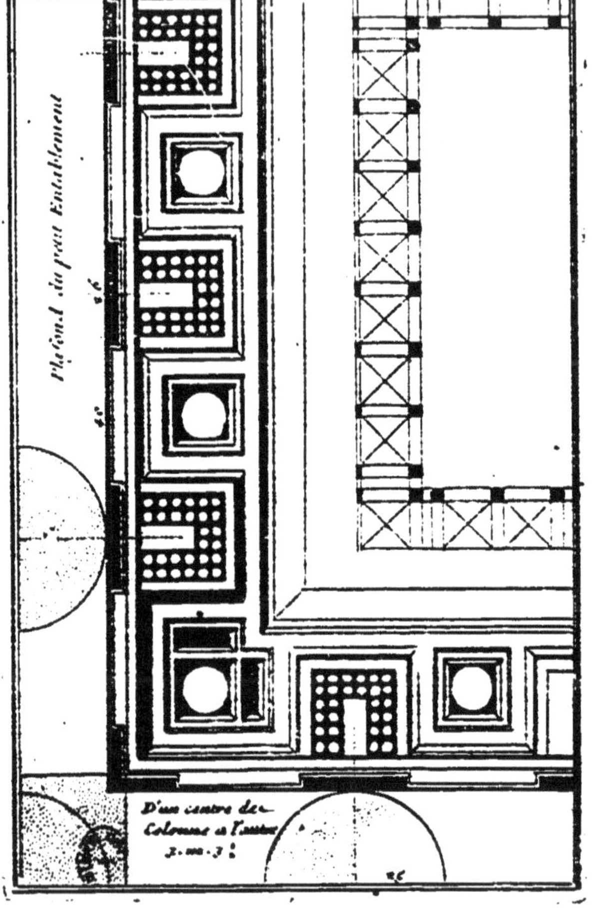
Plafond du petit Entablement
D'un centre des Colonnes à l'autre

# ORDRE DORIQUE.

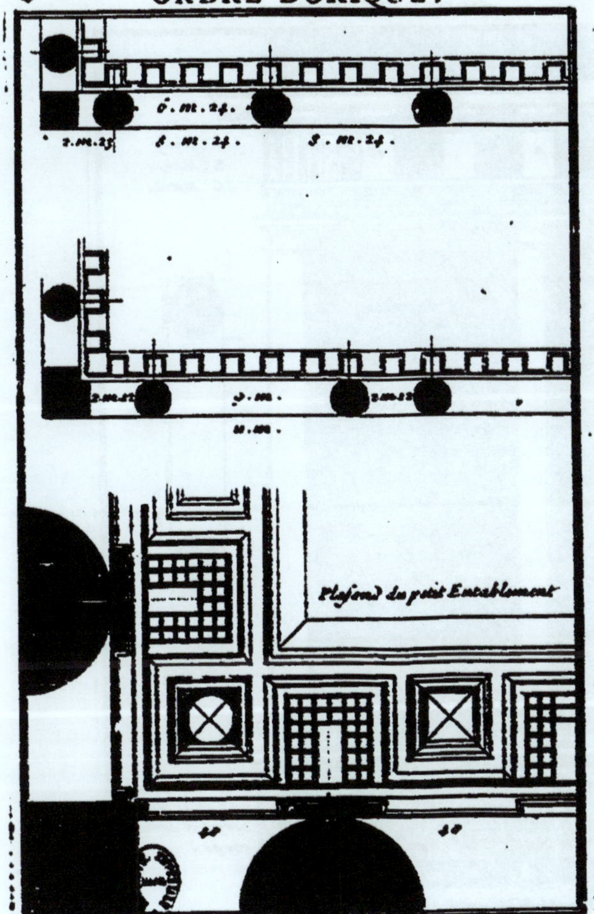

# ORDRE DORIQUE.

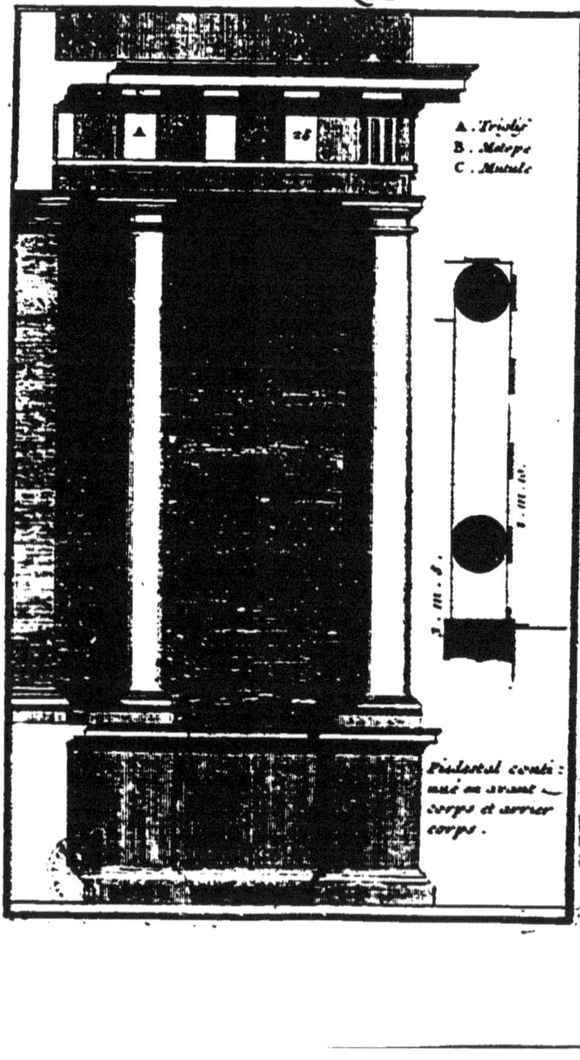

# ORDRE DORIQUE.

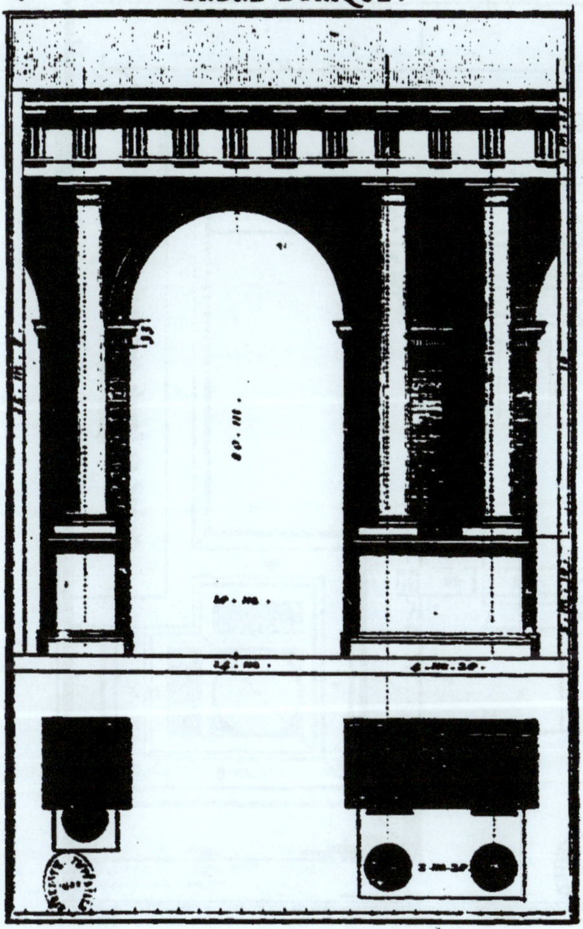

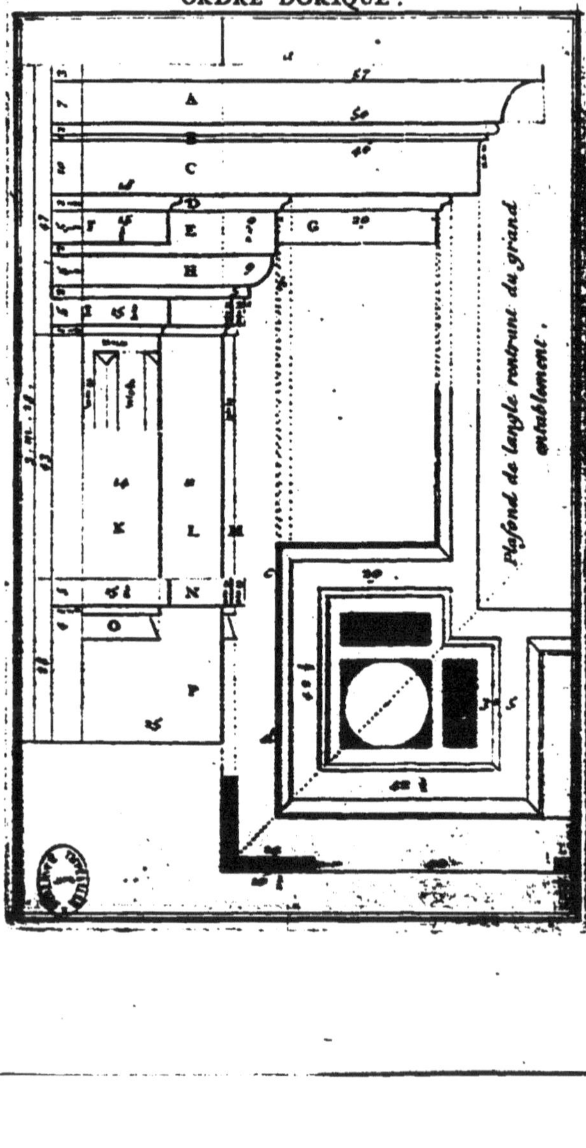

*Plafond de langle rentrant du grand entablement.*

# ORDRE DORIQUE.

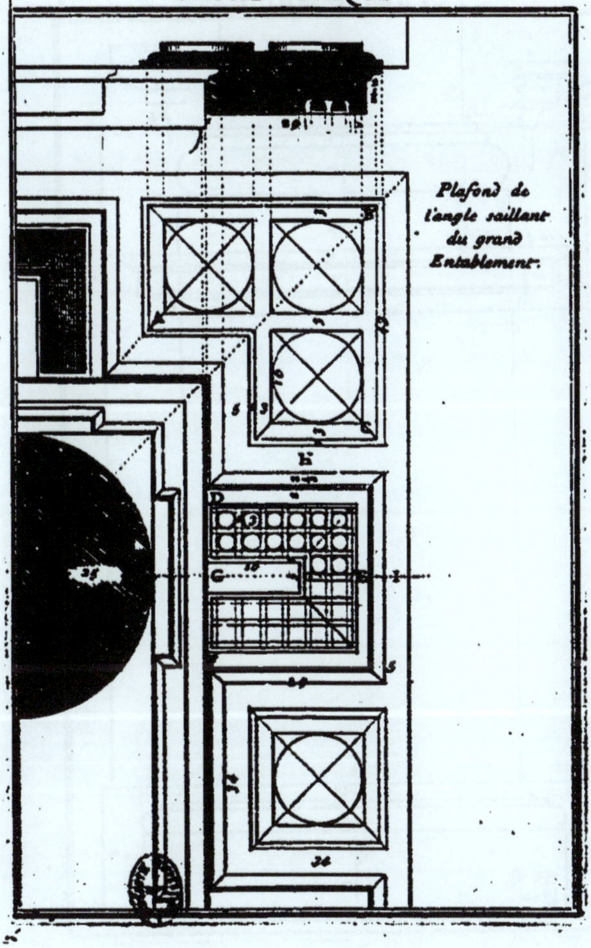

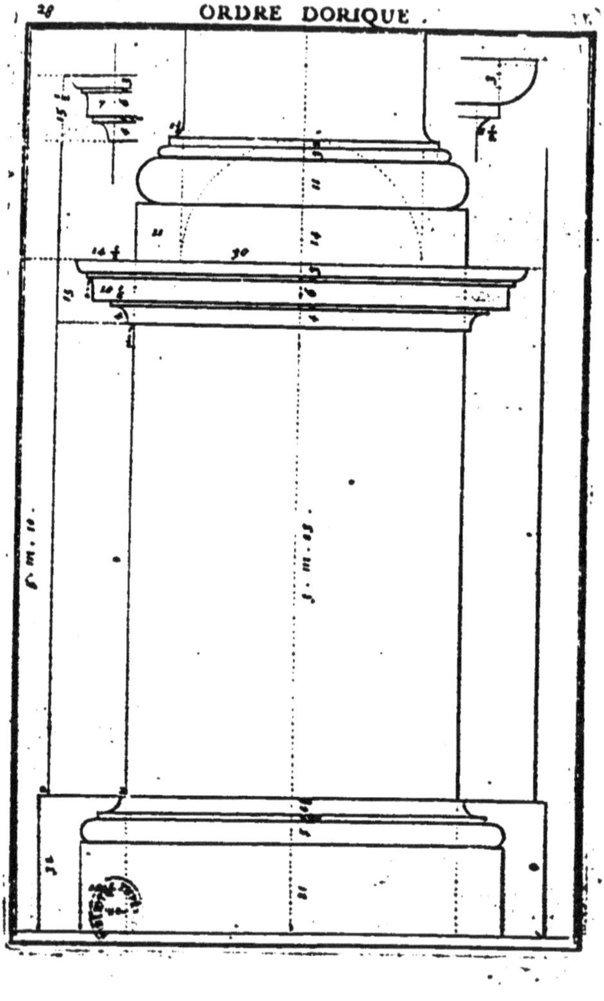

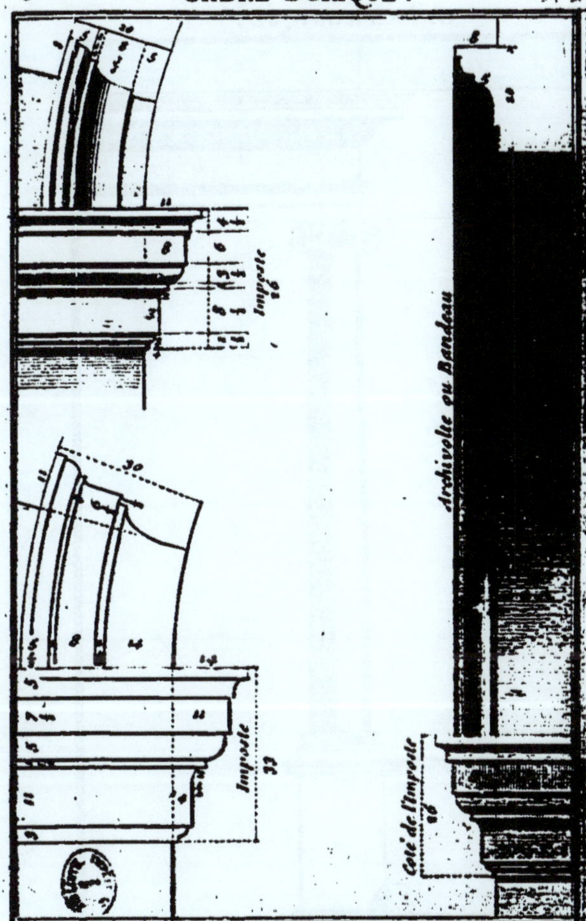
Imposte
Imposte
33
Archivolte ou Bandeau
Coté de l'Imposte

# ORDRE IONIQUE.

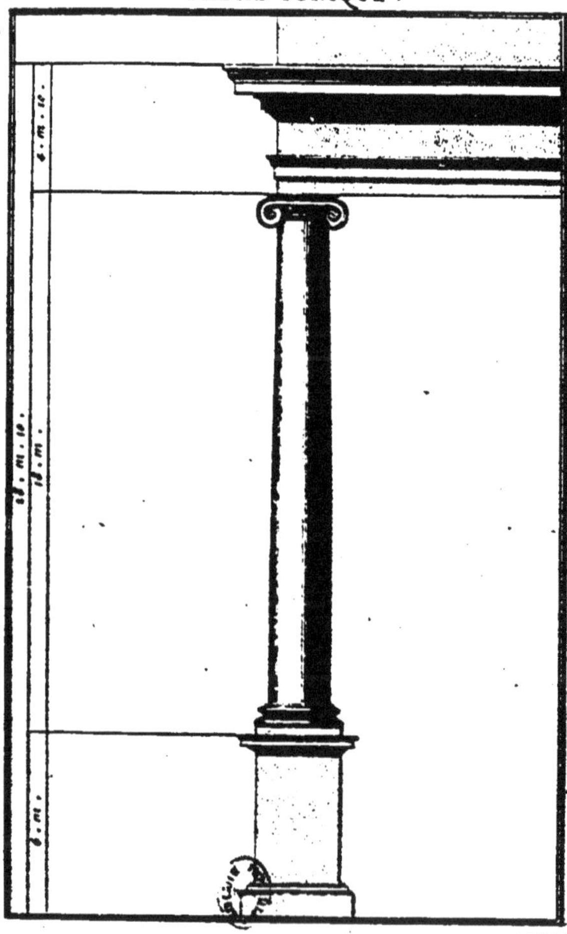

# ORDRE IONIQUE.

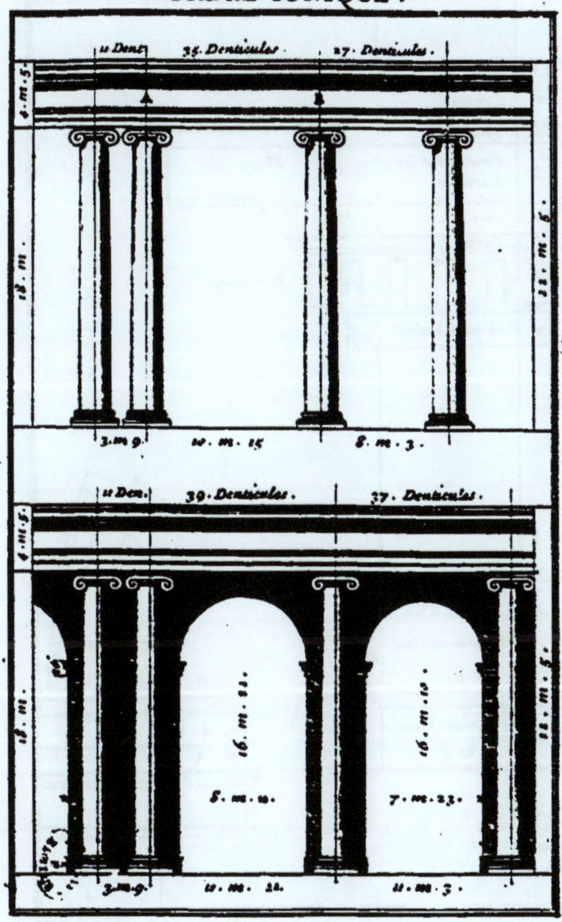

# ORDRE IONIQUE

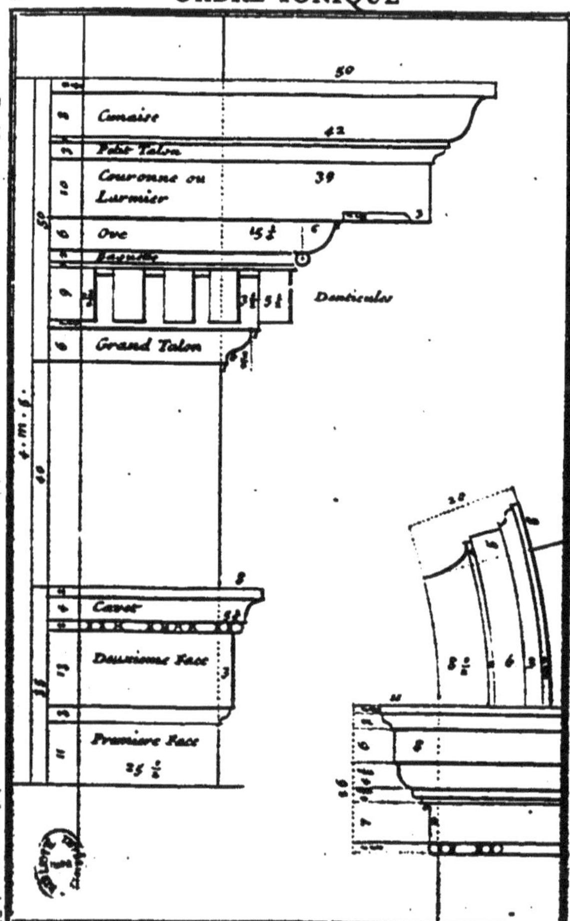

# ORDRE IONIQUE.

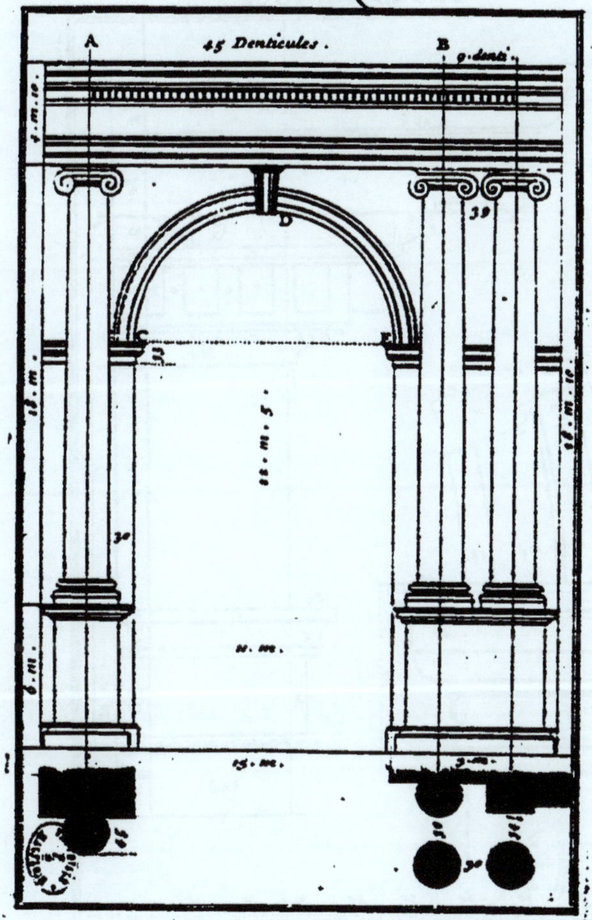

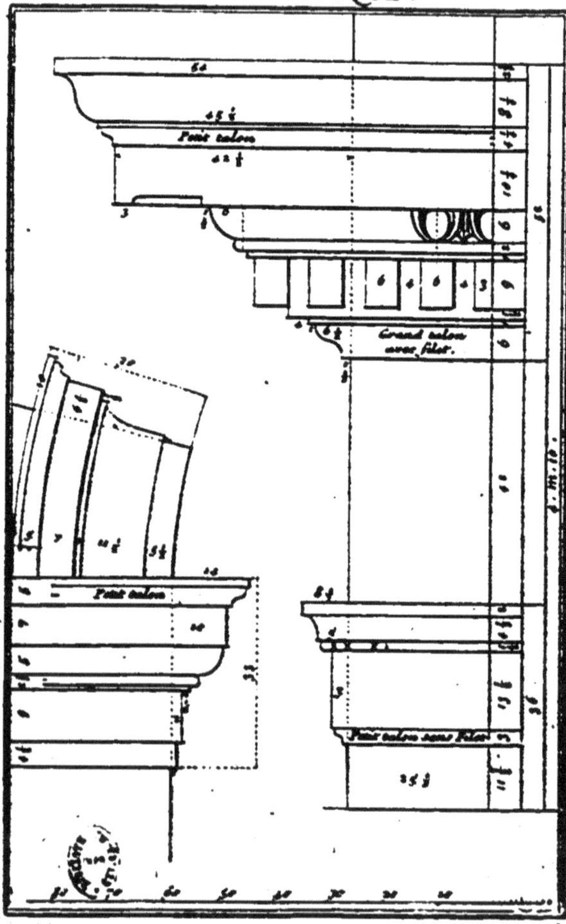
Petit talon
Grand talon
avec filet.
Petit talon
Petit talon sans filet

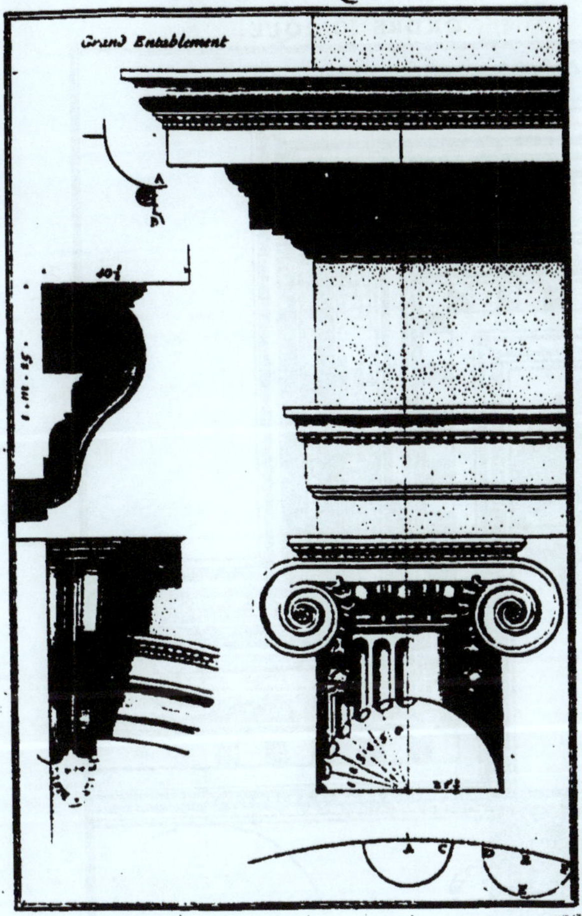
Grand Entablement

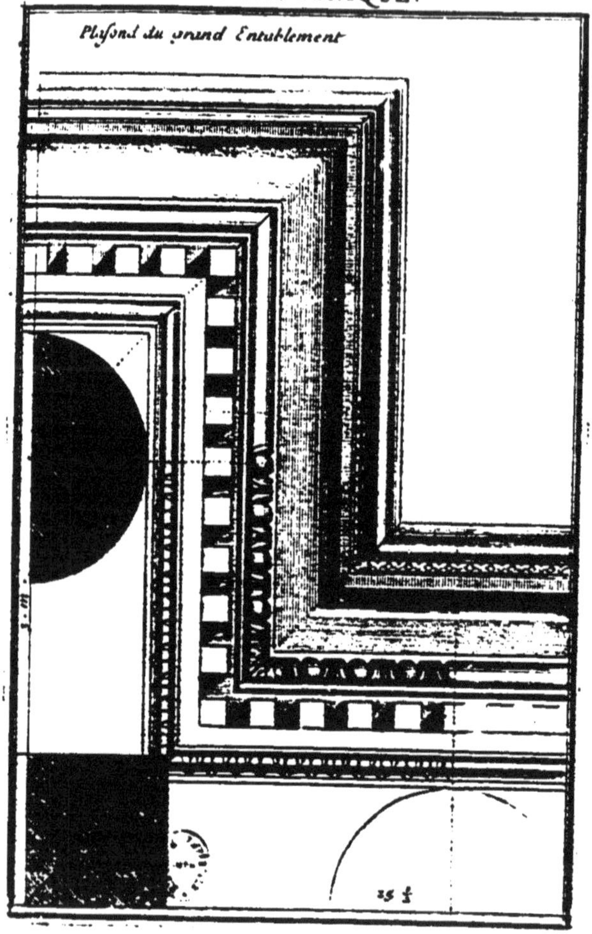
Plafond du grand Entablement
25 ½

# ORDRE IONIQUE.

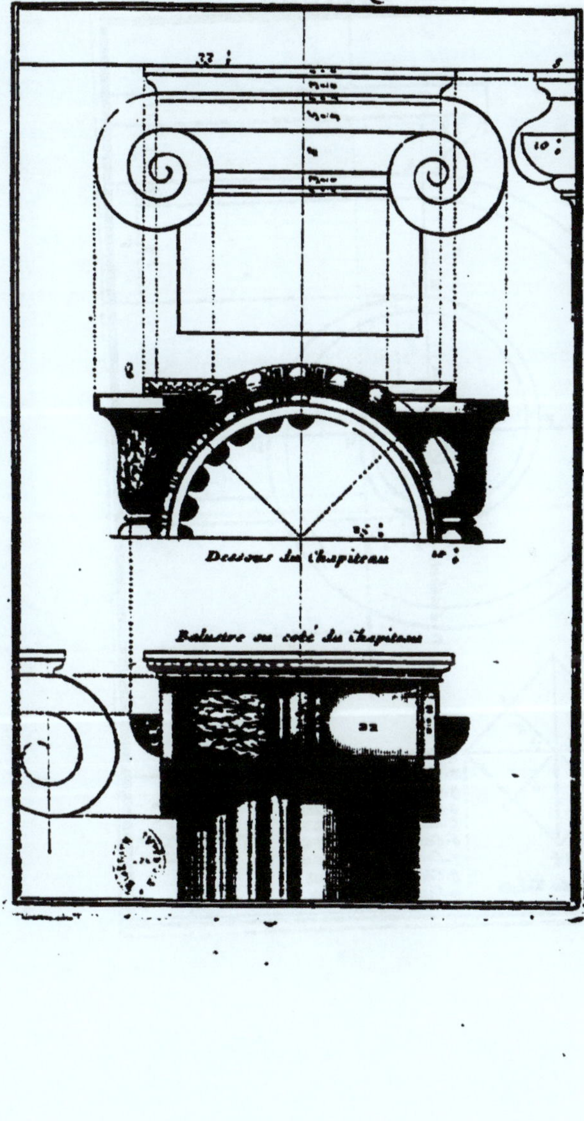

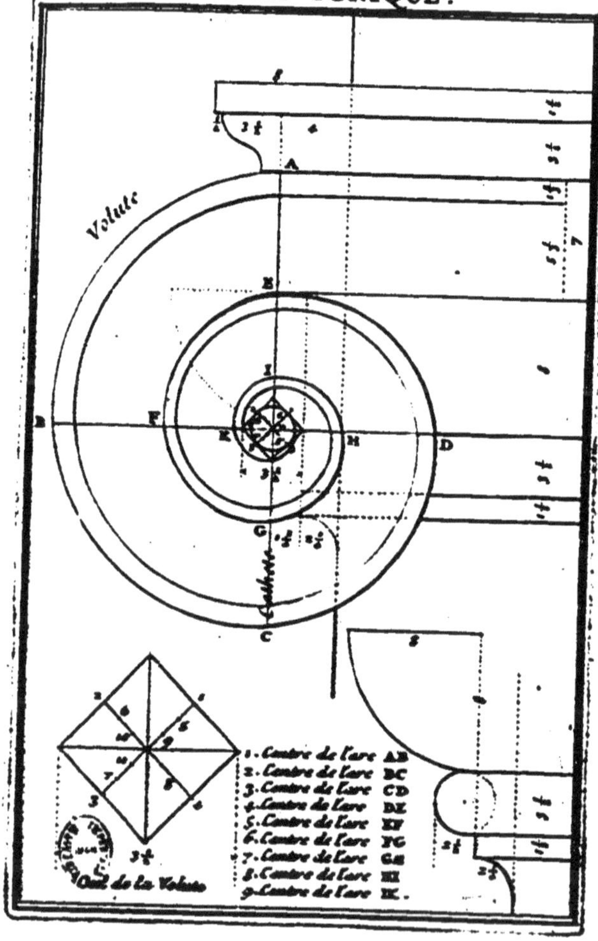
Volute
A
B
C
D
E
F
G
H
I
K
Cathete
Oeil de la Volute
1. Centre de l'arc AB
2. Centre de l'arc BC
3. Centre de l'arc CD
4. Centre de l'arc DE
5. Centre de l'arc EF
6. Centre de l'arc FG
7. Centre de l'arc GH
8. Centre de l'arc HI
9. Centre de l'arc IK.

# ORDRE IONIQUE.

*Chapiteau Moderne*

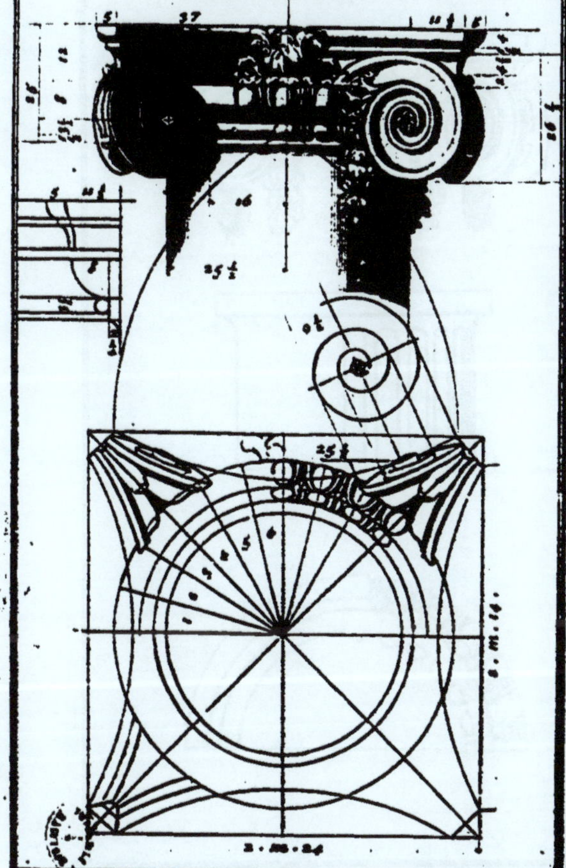

# ORDRE IONIQUE.

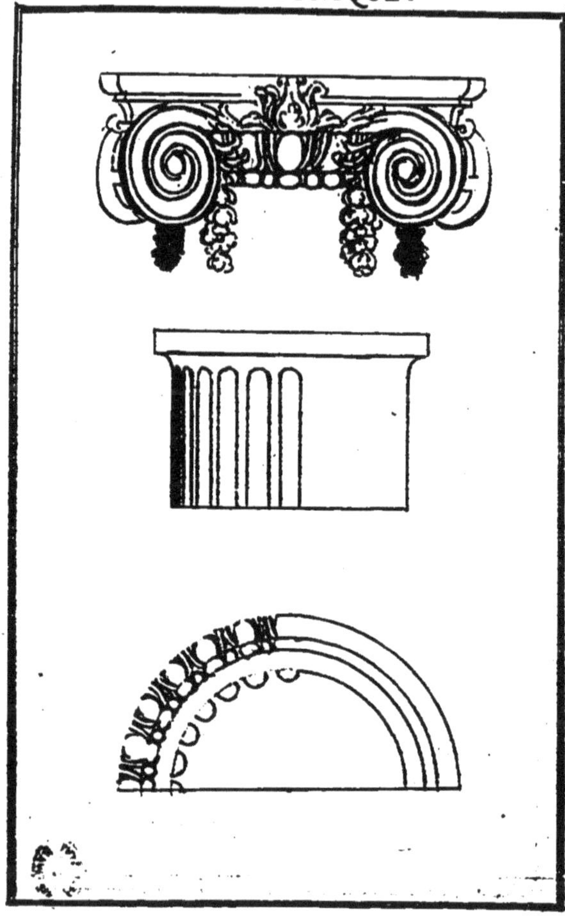

## ORDRE IONIQUE.

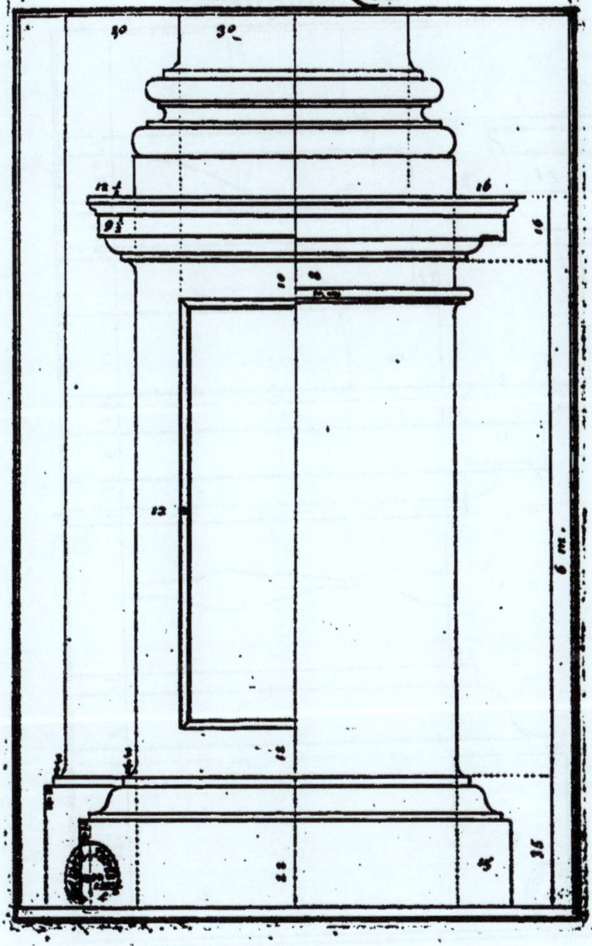

# ORDRE IONIQUE.

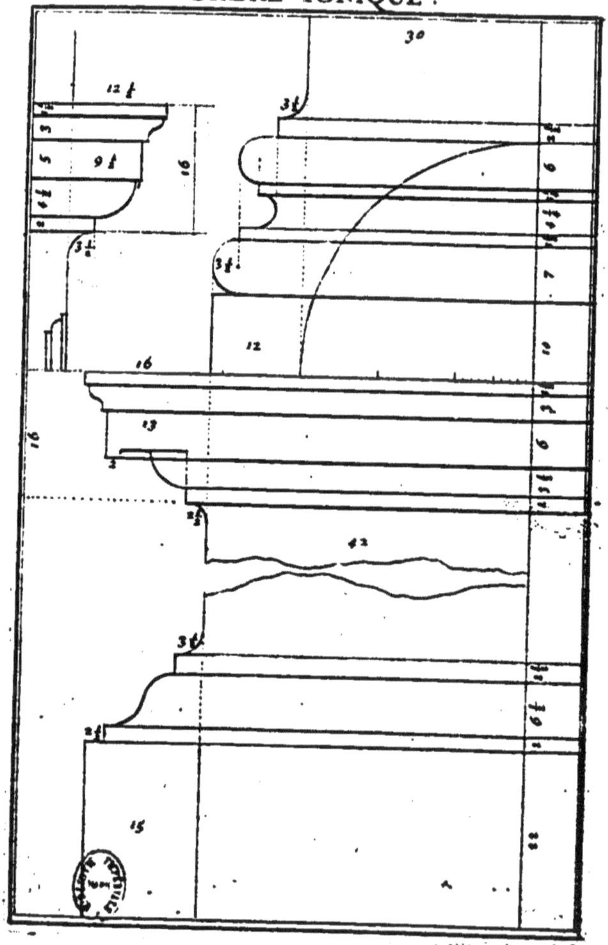

# ORDRE ROMAIN .

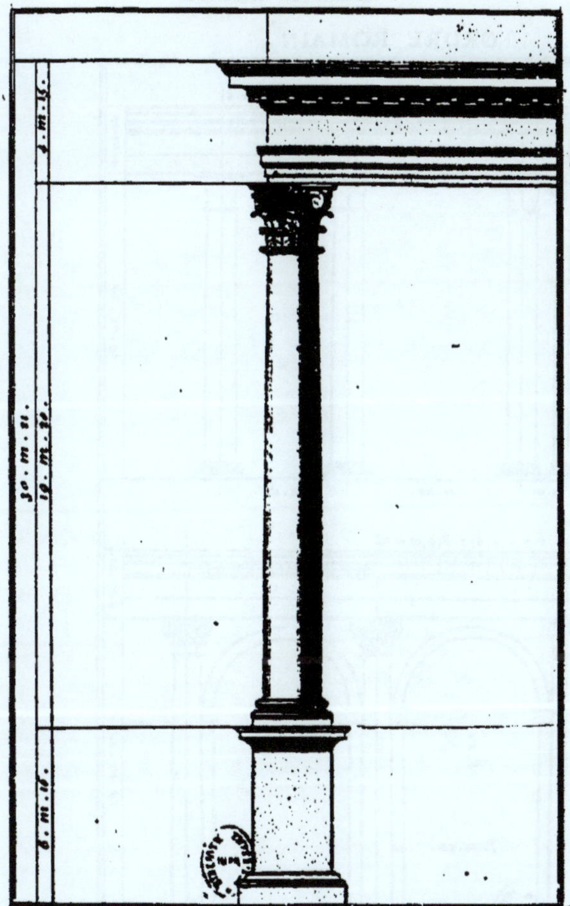

# ORDRE ROMAIN.

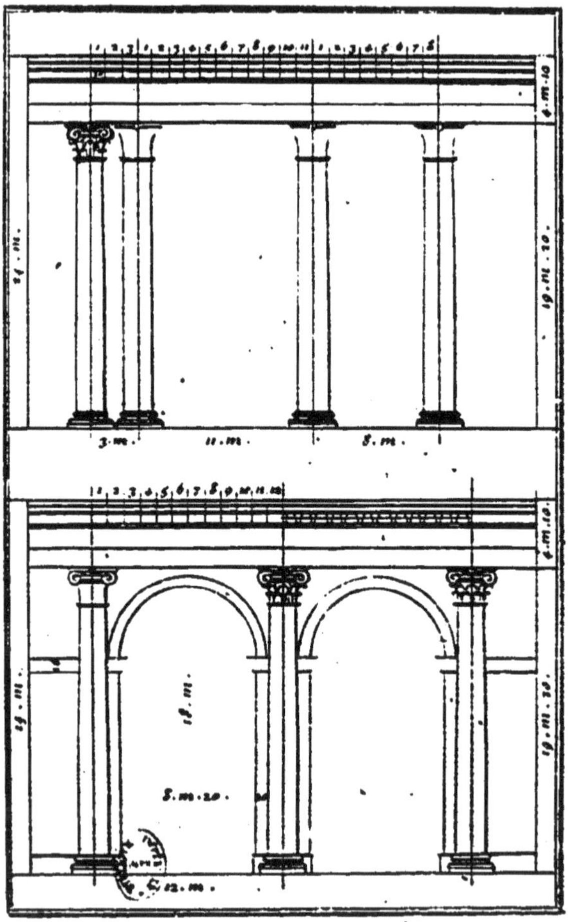

# ORDRE ROMAIN.

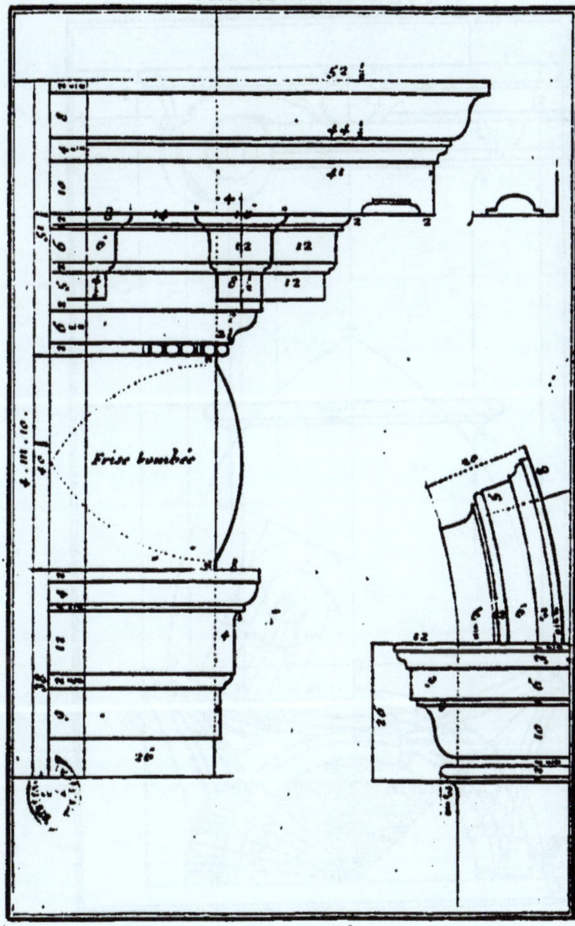

40

## ORDRE ROMAIN.

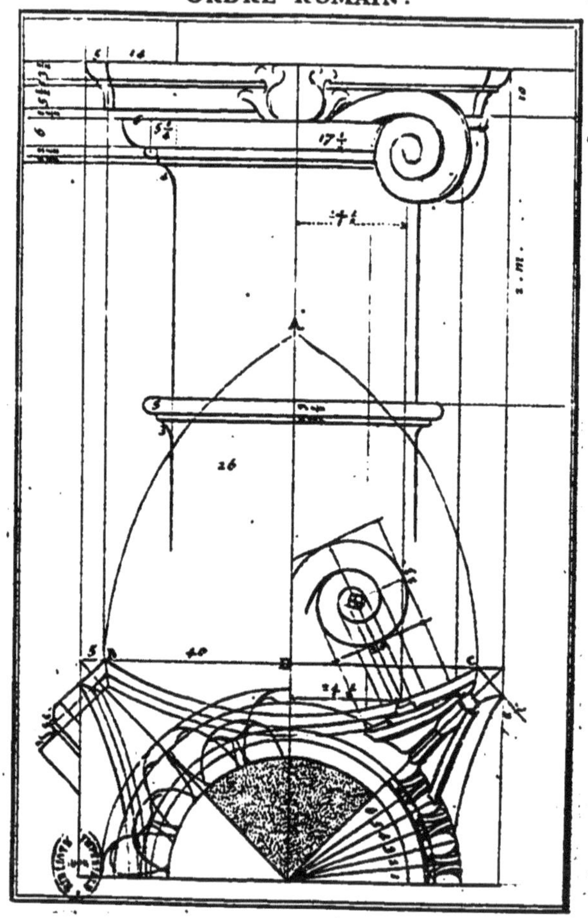

# ORDRE ROMAIN.

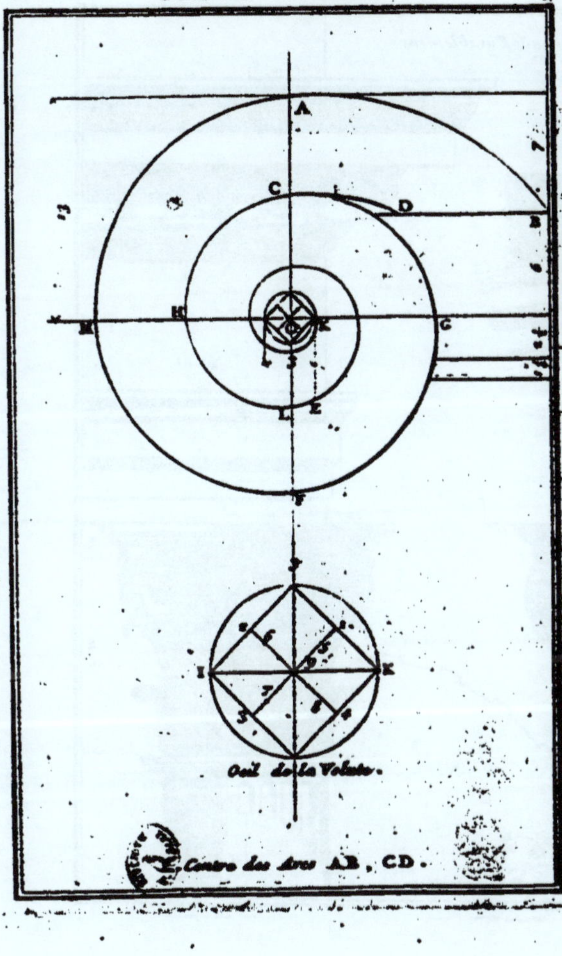


Oeil de la Volute.



Centre des Arcs AB, CD.

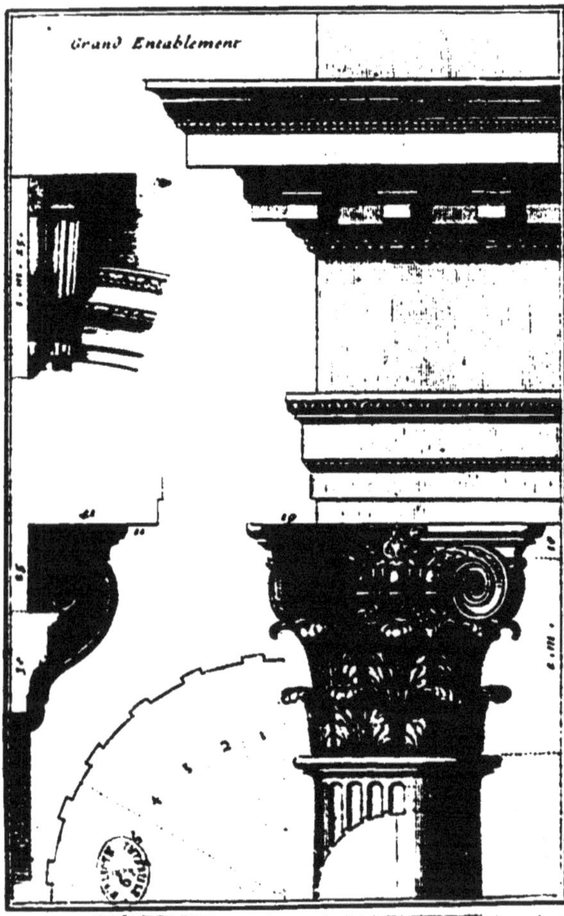
Grand Entablement

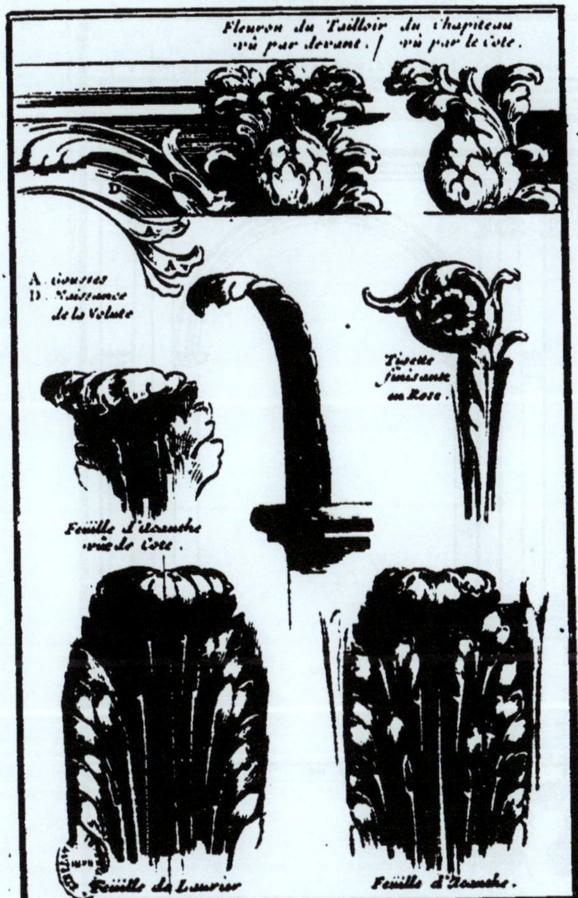
Fleuron du Tailloir vû par devant.
du Chapiteau vû par le Coté.
D
A
A
A. Gouttes
D. Naissance de la Volute
Tisette finisante en Rose.
Feüille d'Acanthe vüe de Coté.
Feüille de Laurier
Feüille d'Acanthe.

## ORDRE ROMAIN

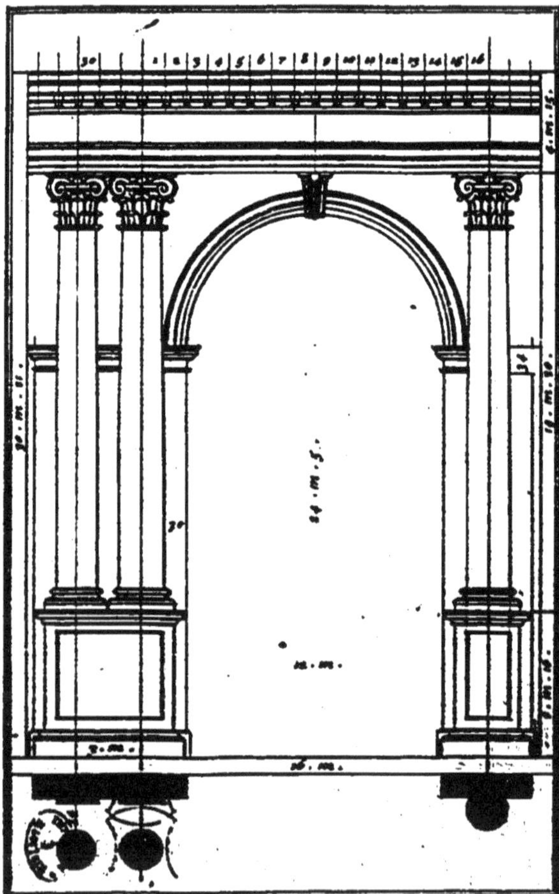

# ORDRE ROMAIN.

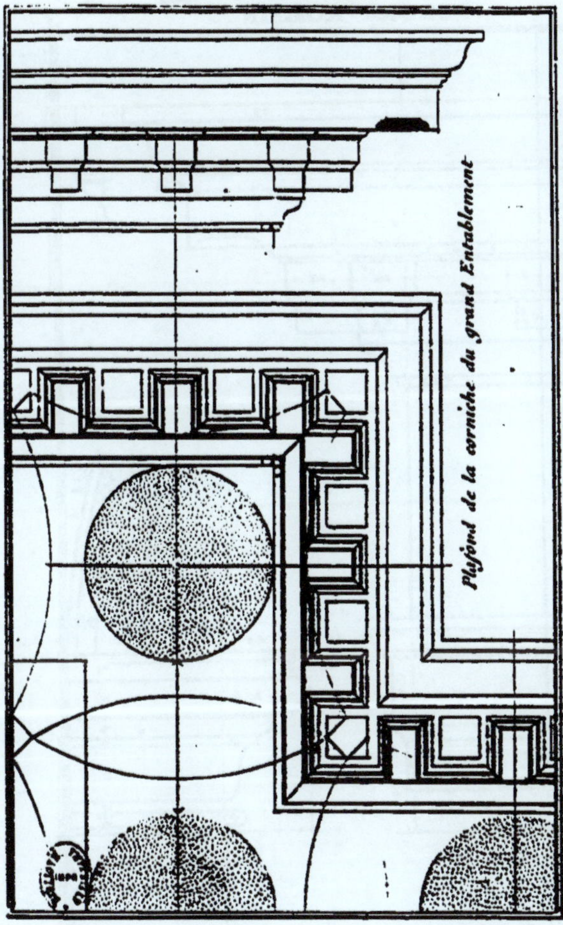

*Plafond de la corniche du grand Entablement*

## ORDRE ROMAIN.

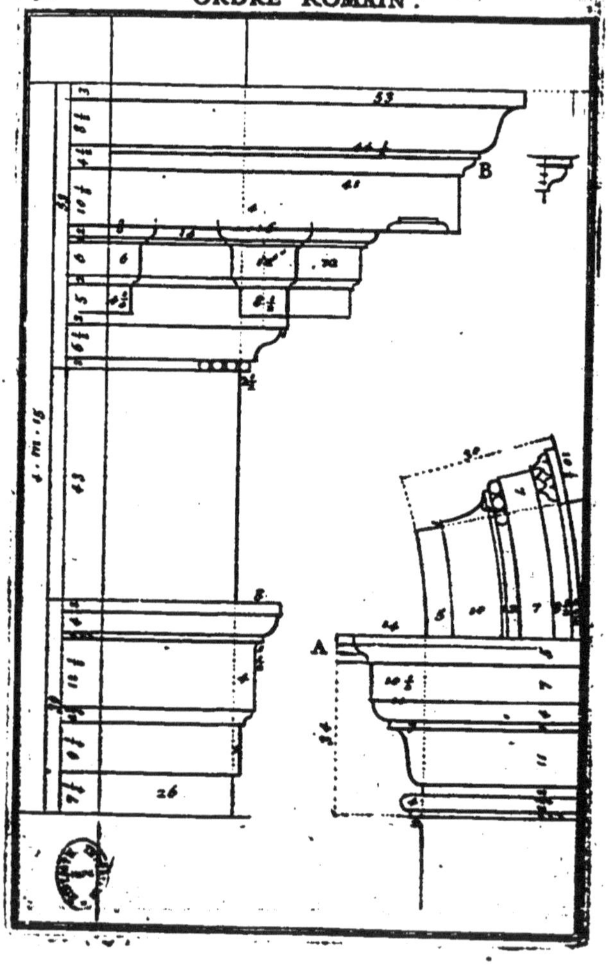

# ORDRE ROMAIN.

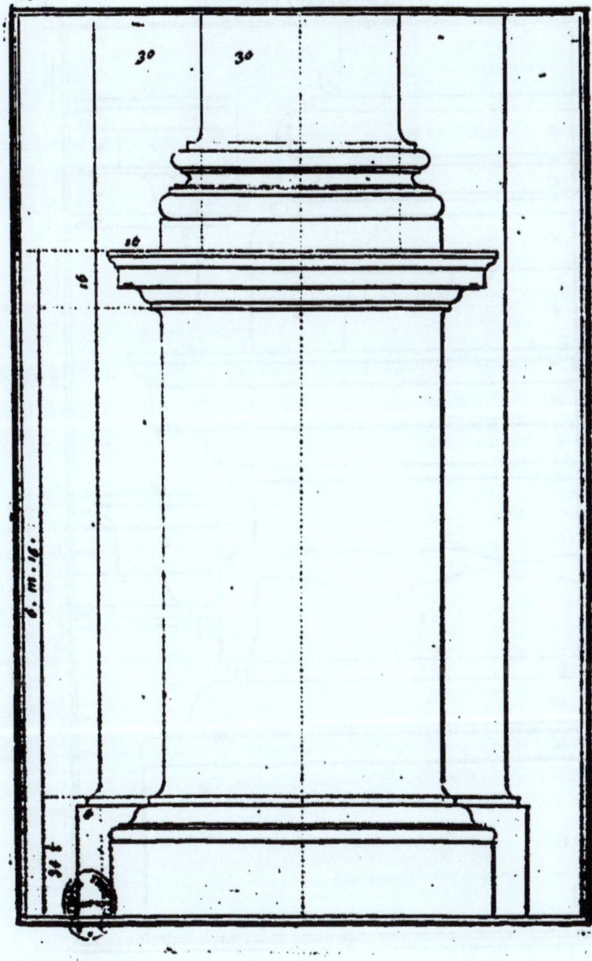

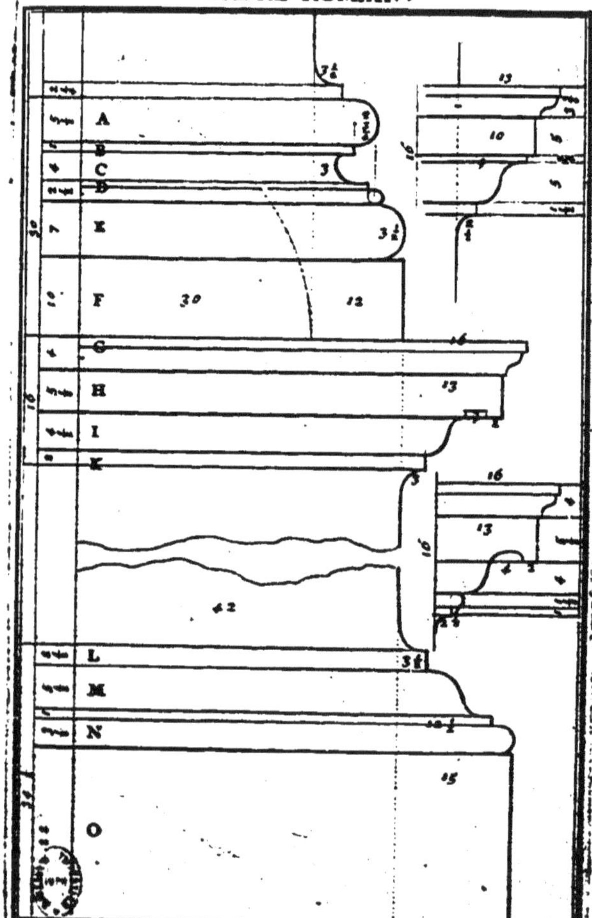
A
B
C
D
E
F
G
H
I
K
L
M
N
O
30
12
16
13
42
15

# ORDRE ESPAGNOL.

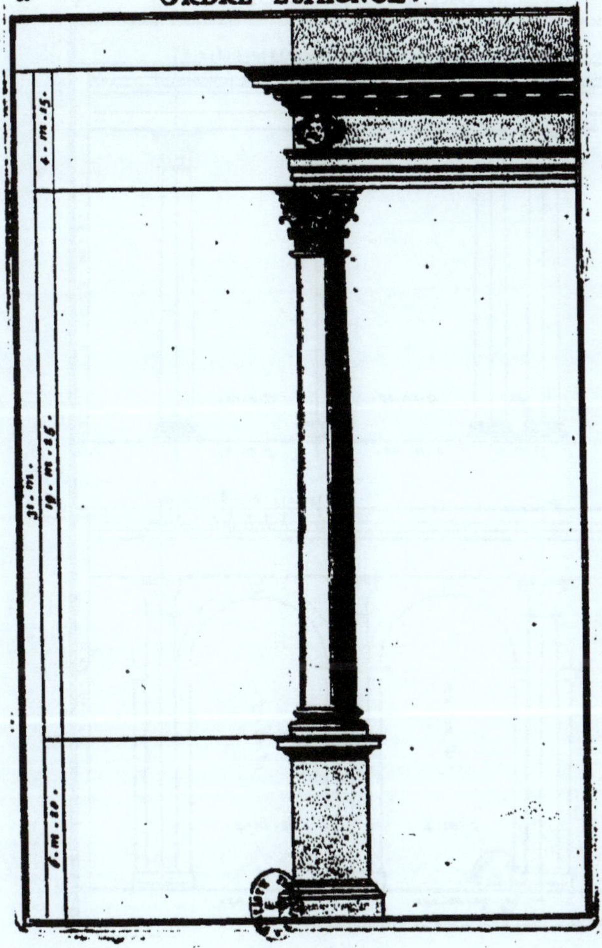

# ORDRE ESPAGNOL

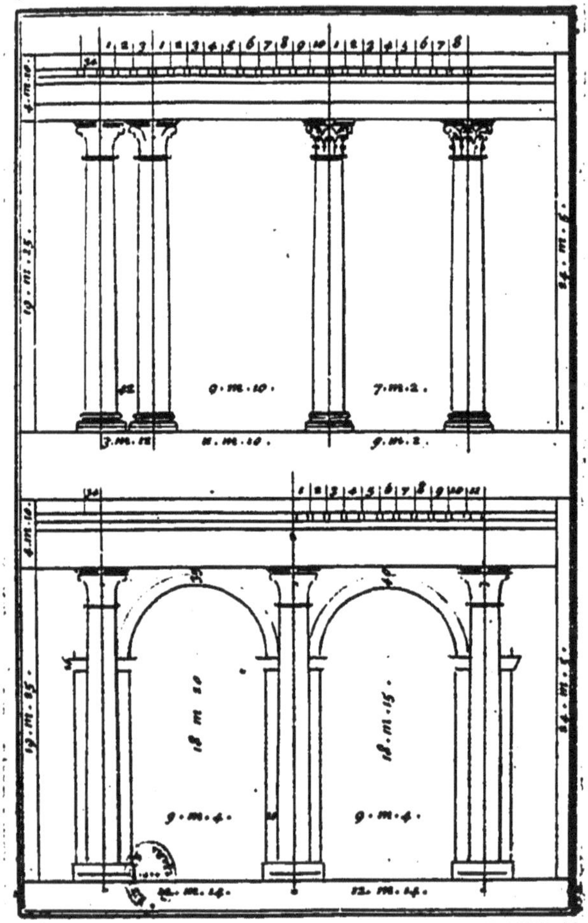

# ORDRE ESPAGNOL.

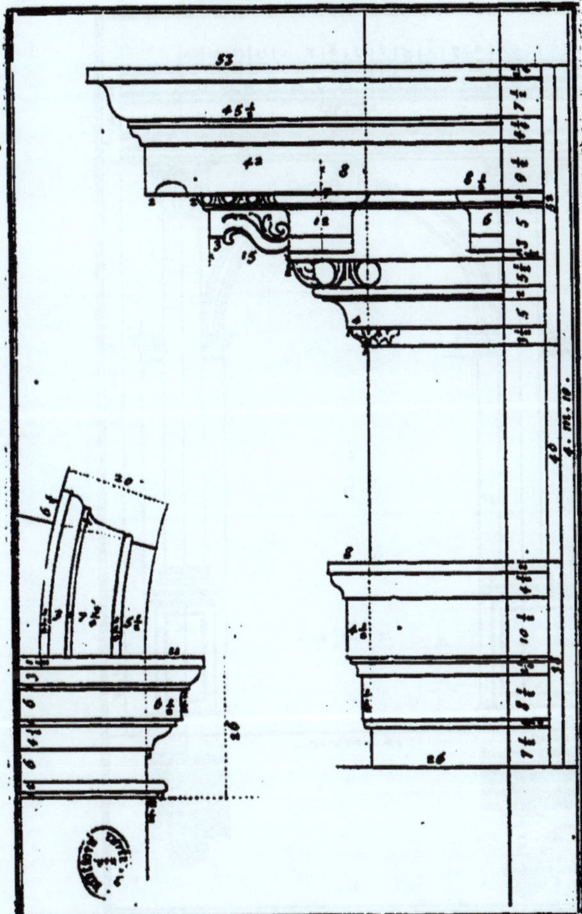

# ORDRE ESPAGNOL.

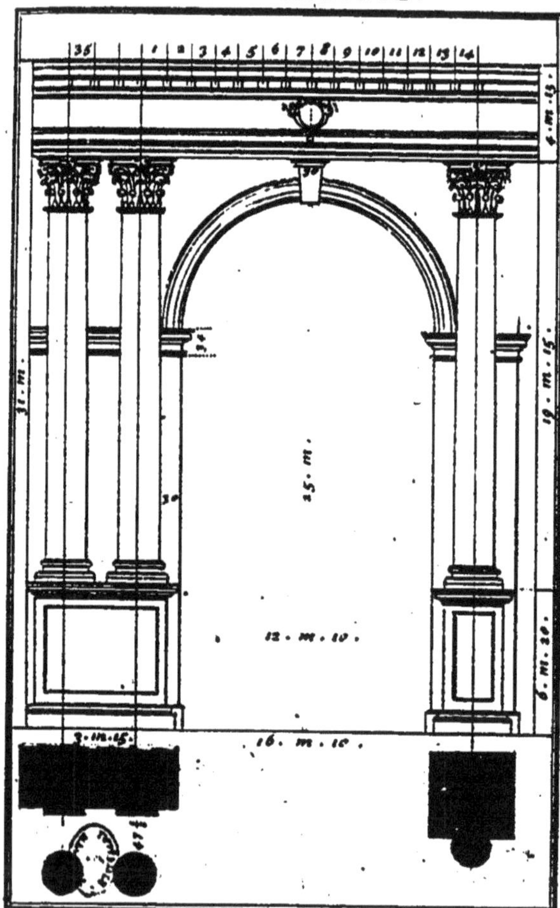

# ORDRE ESPAGNOL

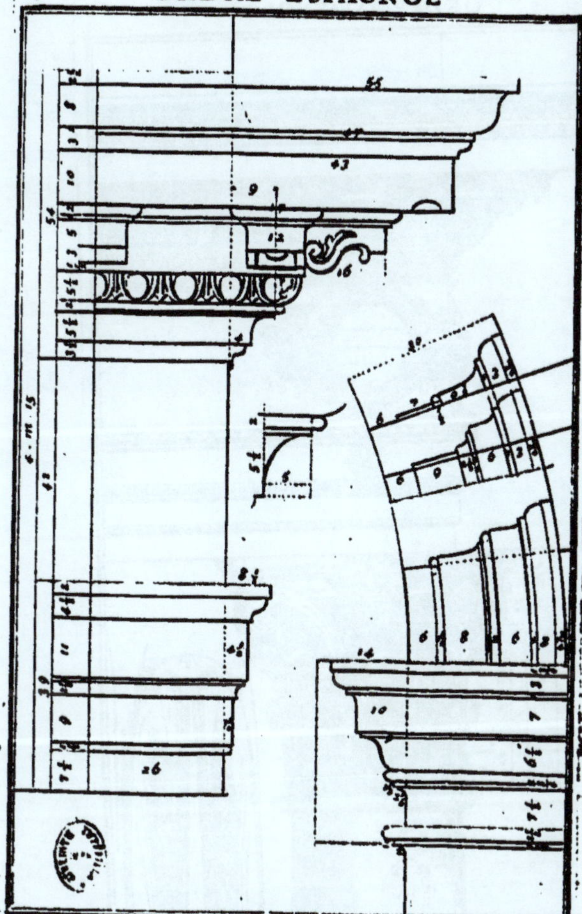

# ORDRE ESPAGNOL.

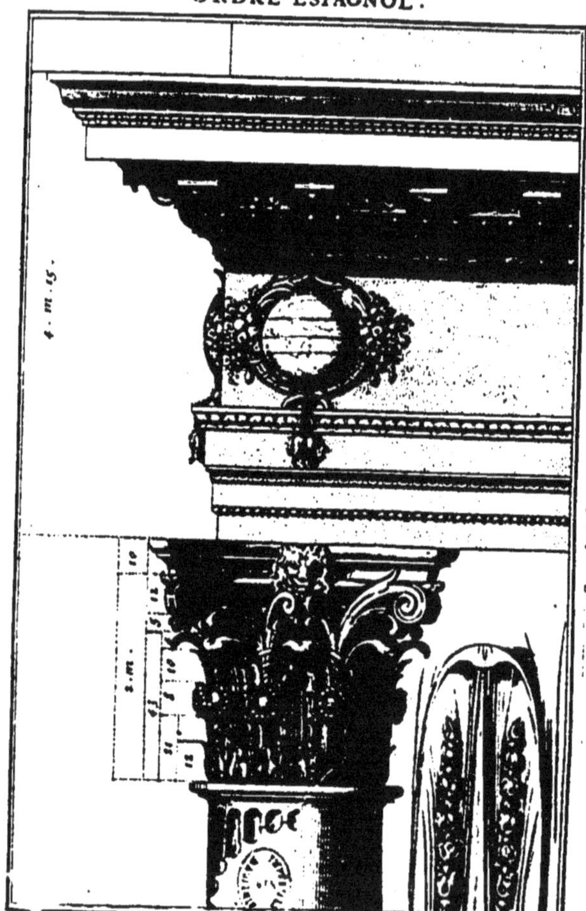

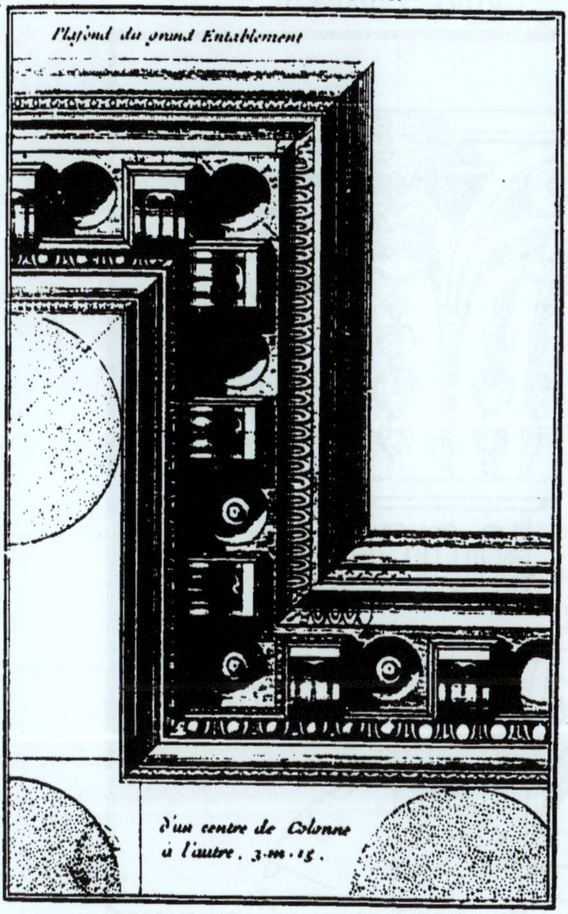
Plafond du grand Entablement
d'un centre de Colonne à l'autre. 3.m.15.

ORDRE ESPAGNOL.

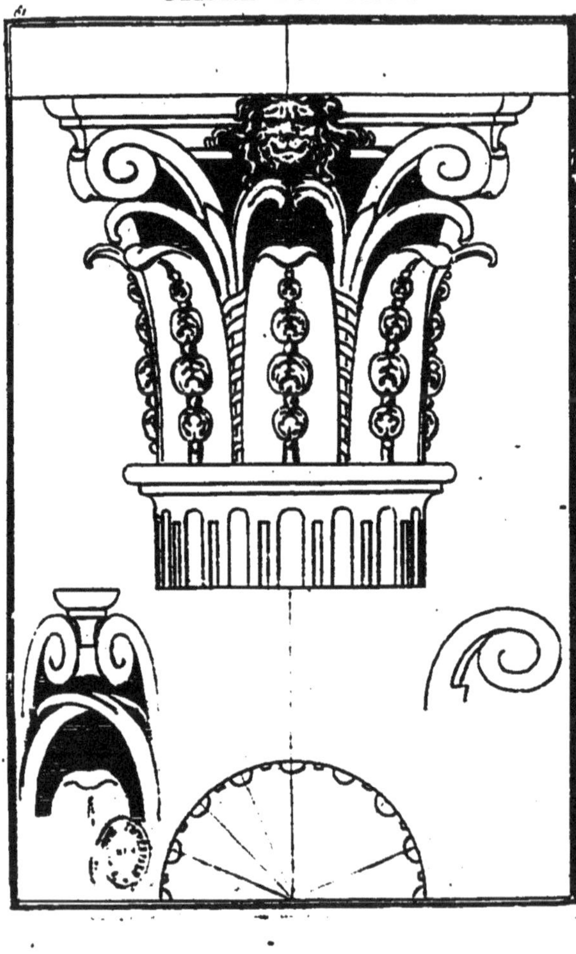

# ORDRE ESPAGNOL.

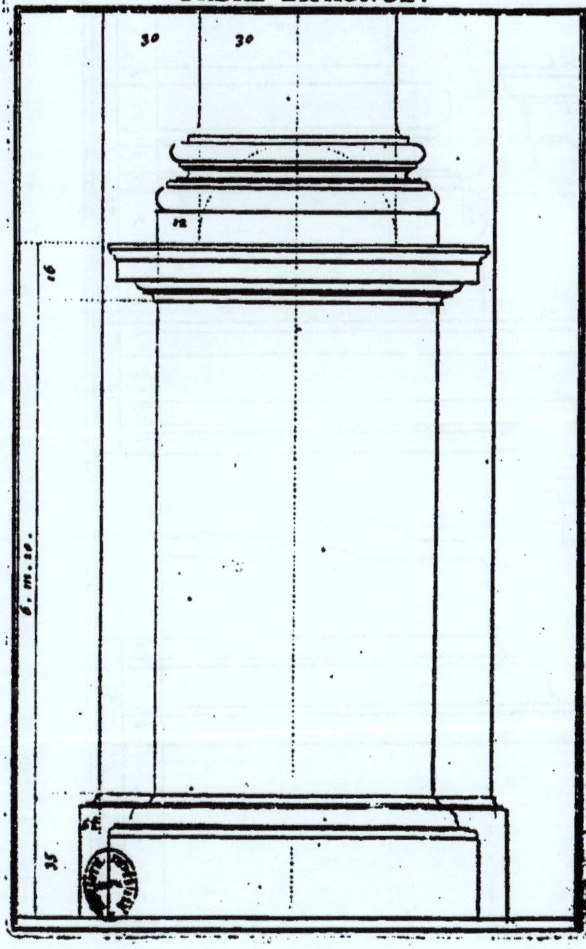

# ORDRE ESPAGNOL.

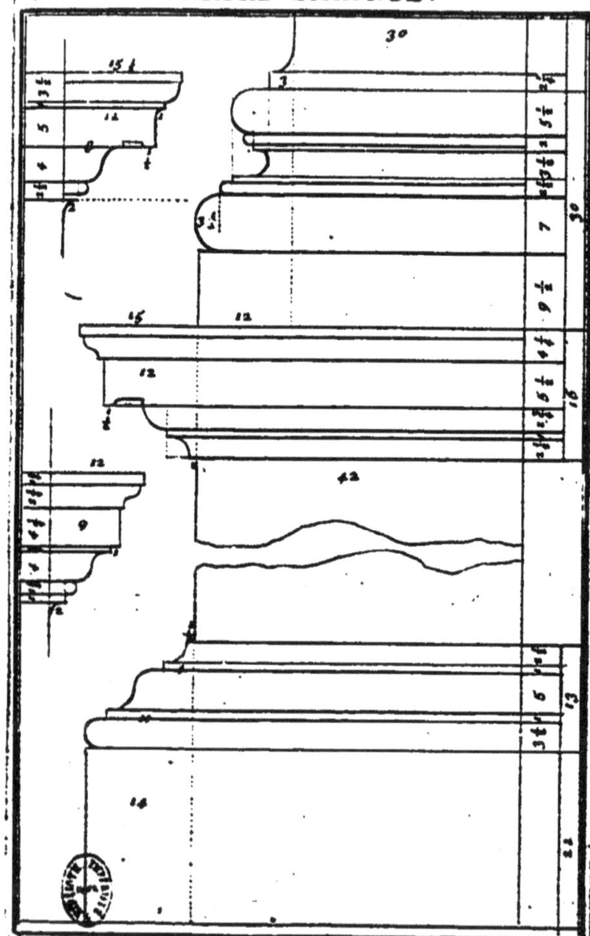

# ORDRE CORINTHIEN.

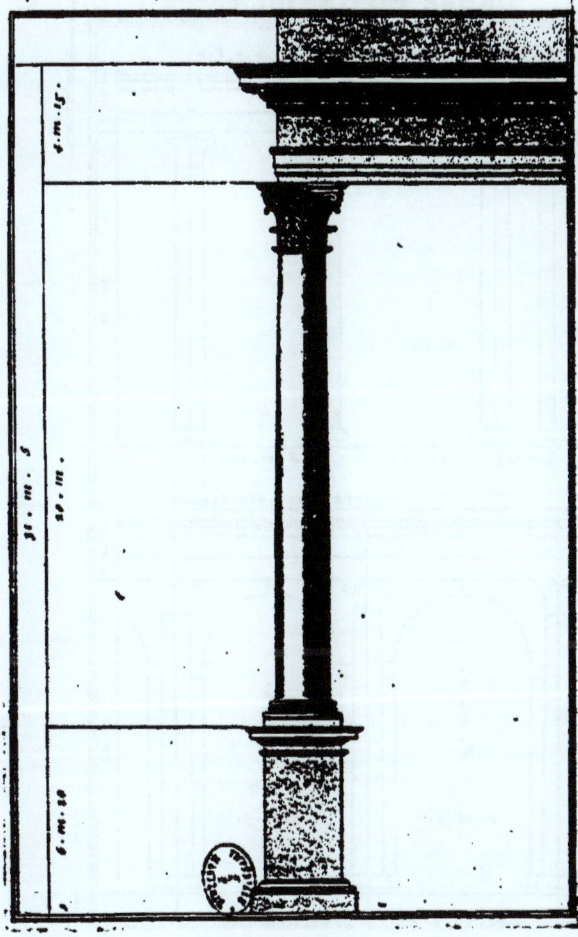

# ORDRE CORINTHIEN.

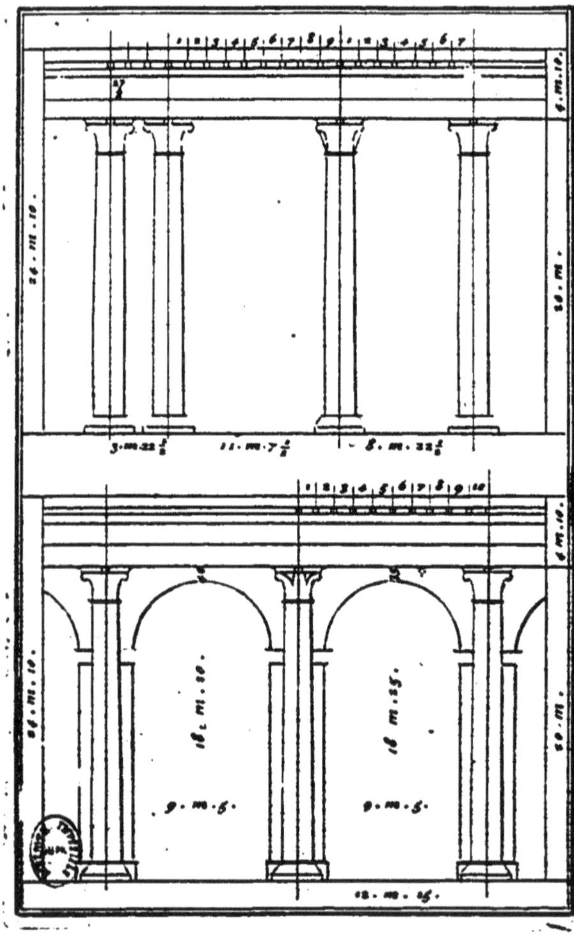

# ORDRE CORINTHIEN.

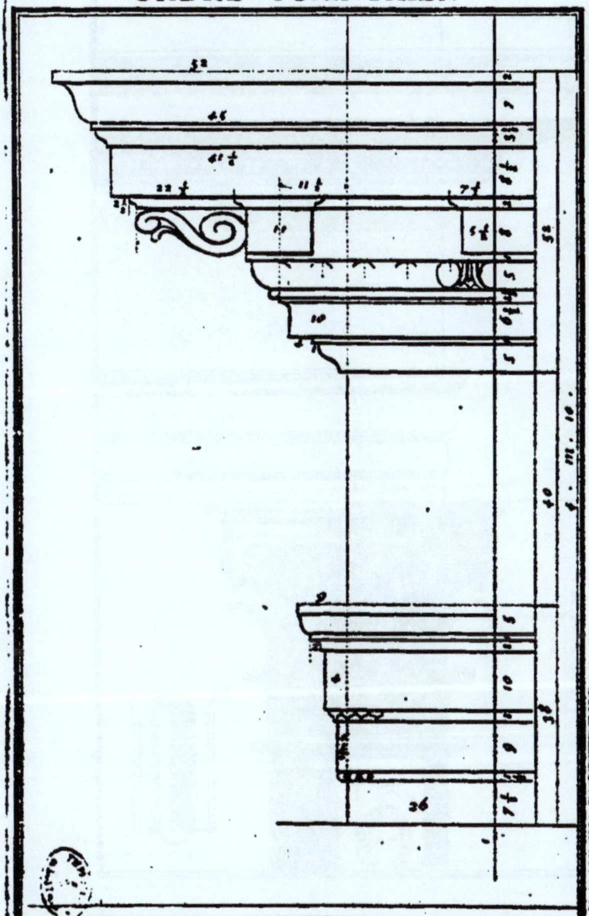

# ORDRE CORINTHIEN.

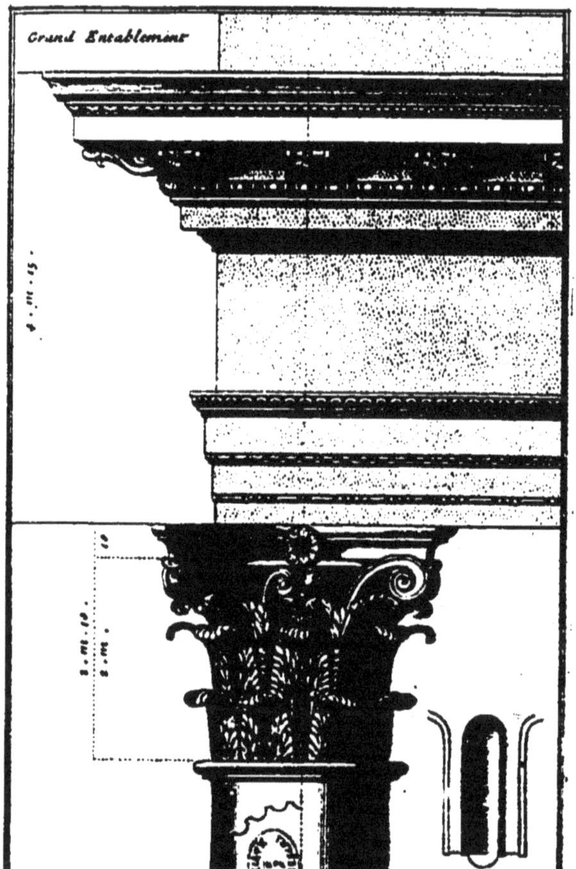

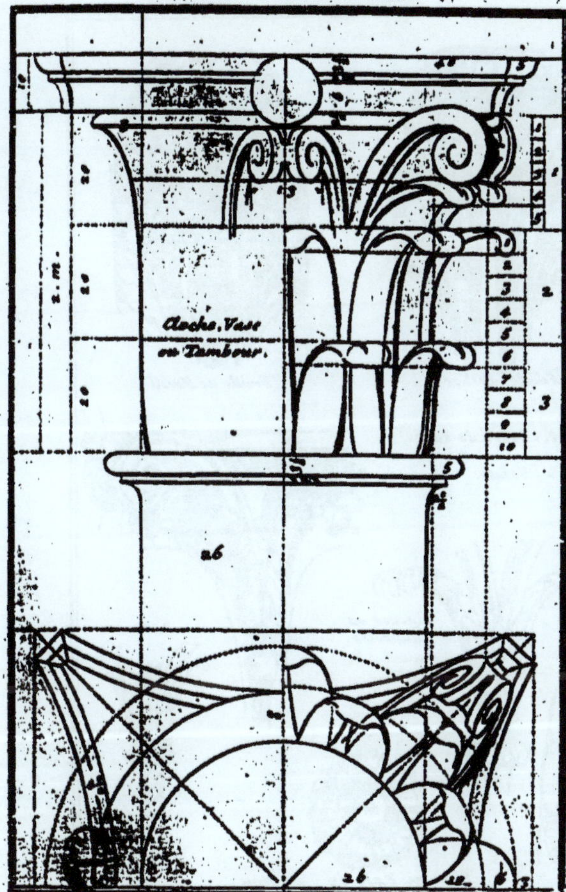
Cloche, Vase
ou Tambour.
26

# ORDRE CORINTHIEN.

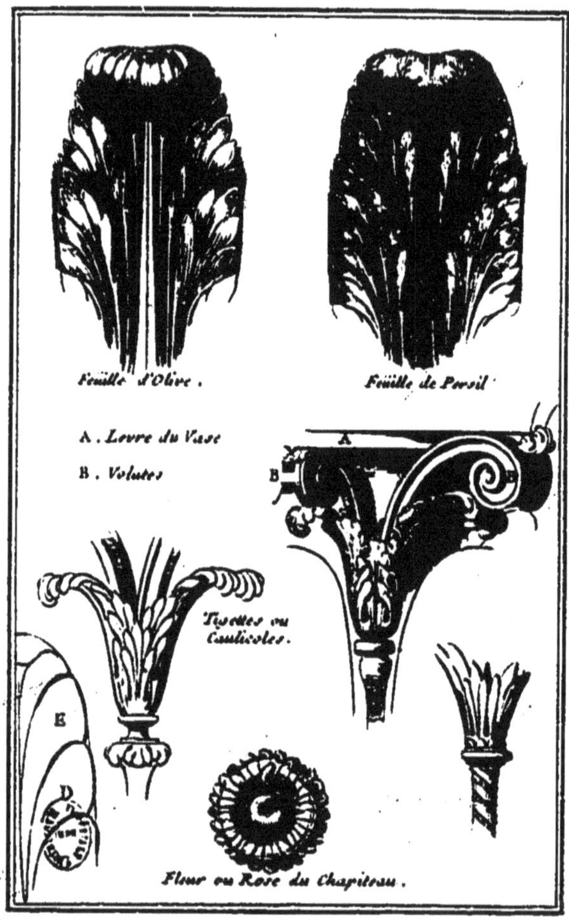

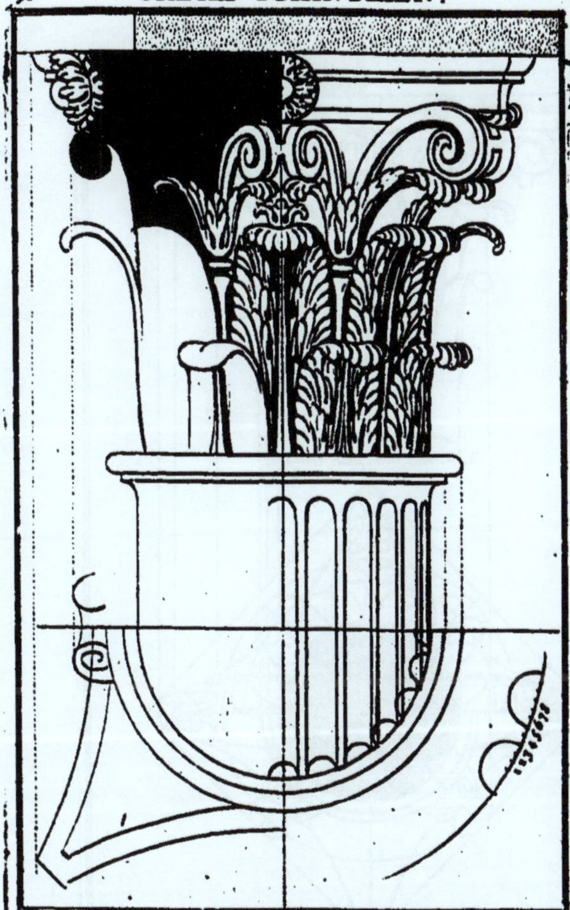

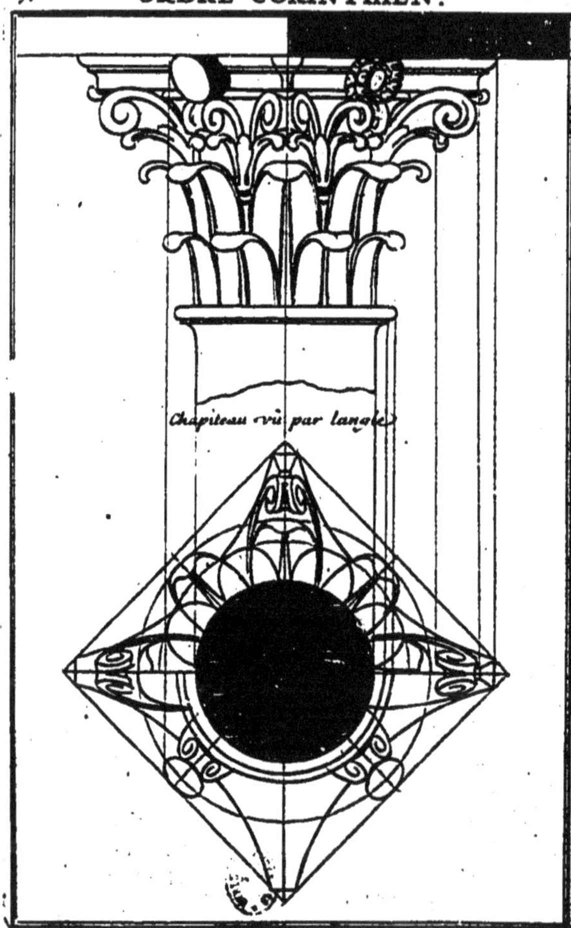
Chapiteau vû par langle

# ORDRE CORINTHIEN.

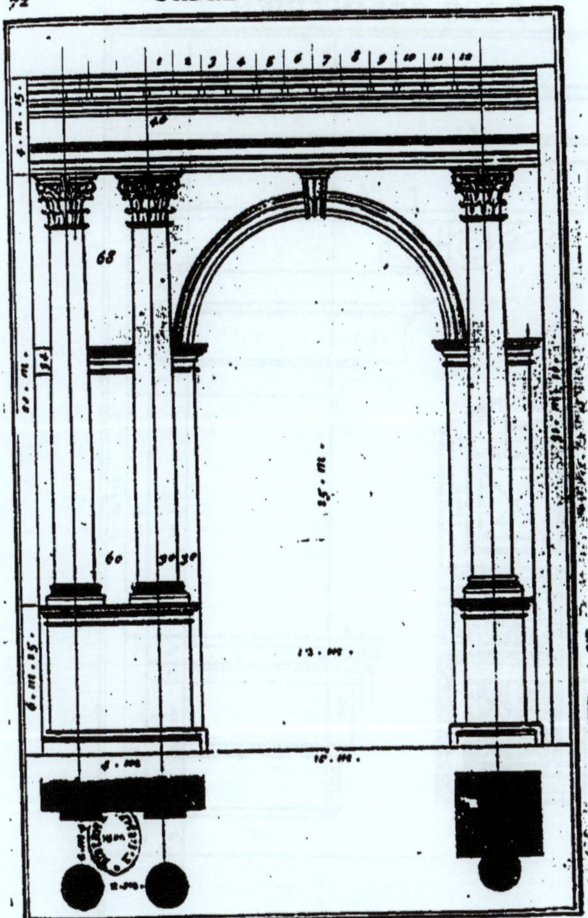

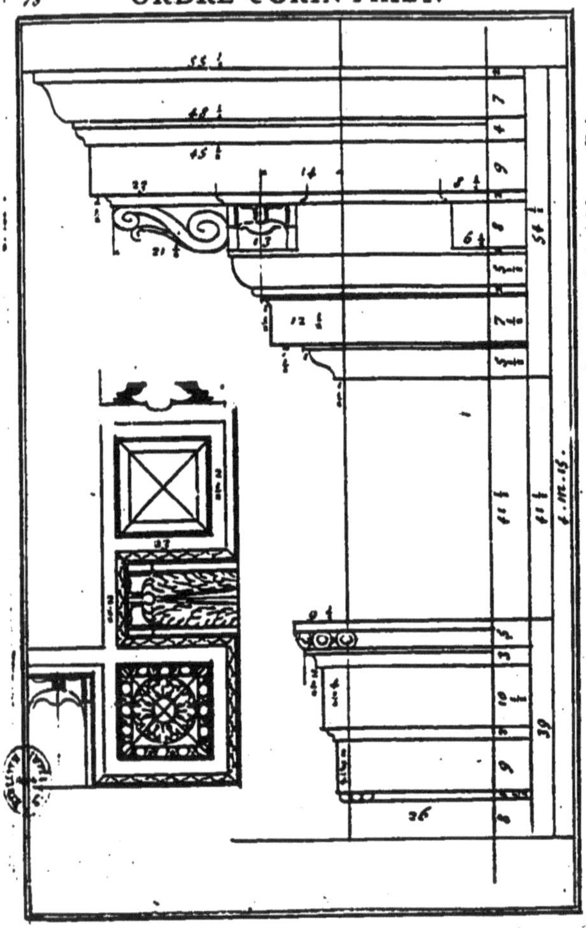

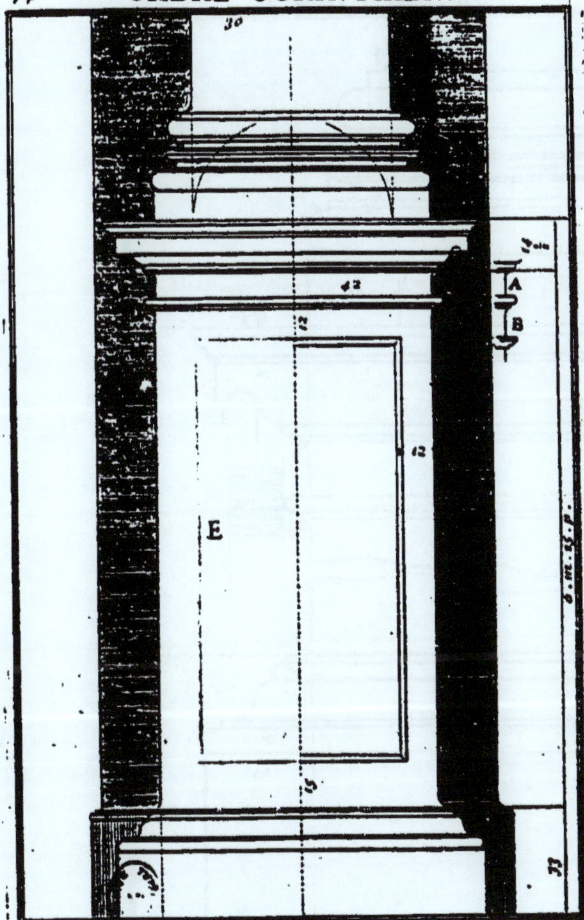

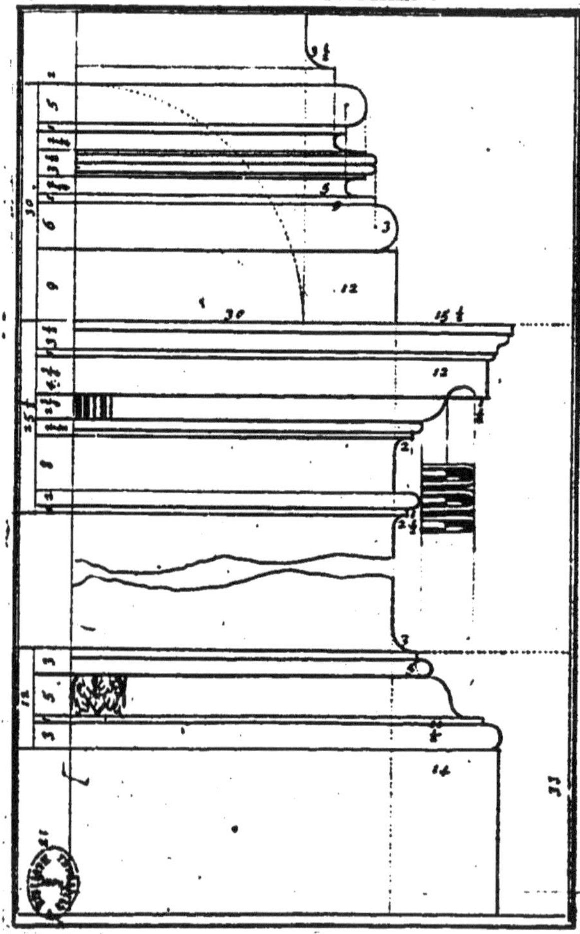

# ORDRE CORINTHIEN.

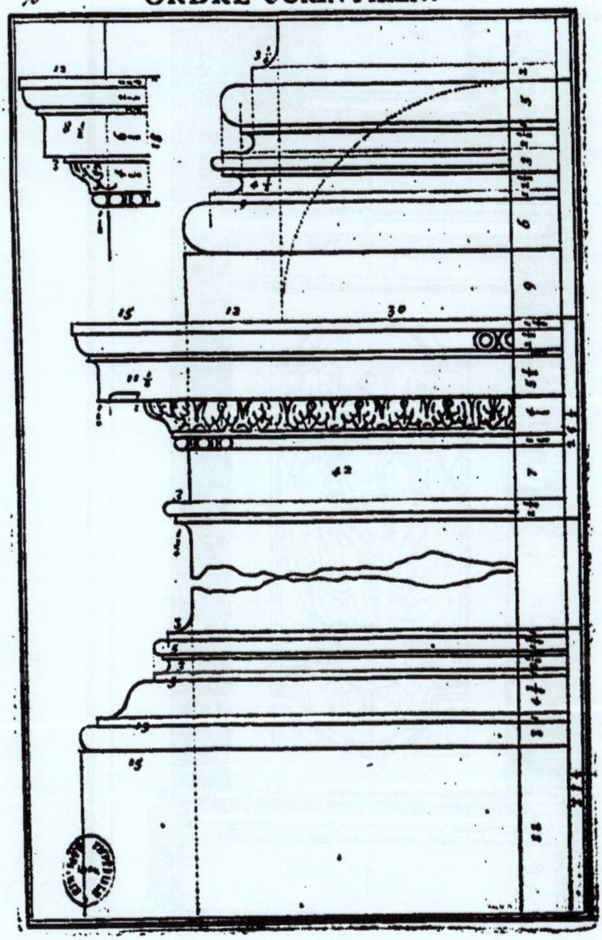

# ORDRE CORINTHIEN.

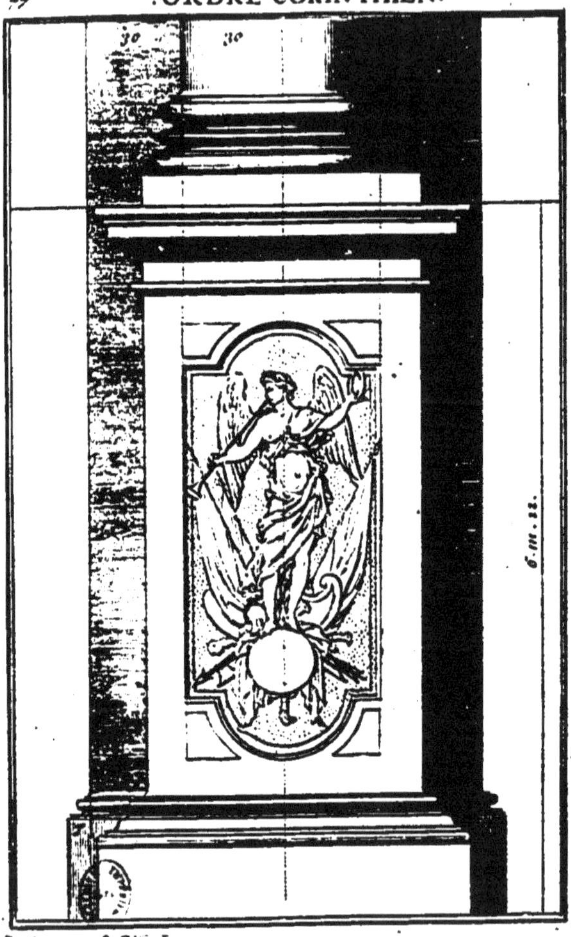

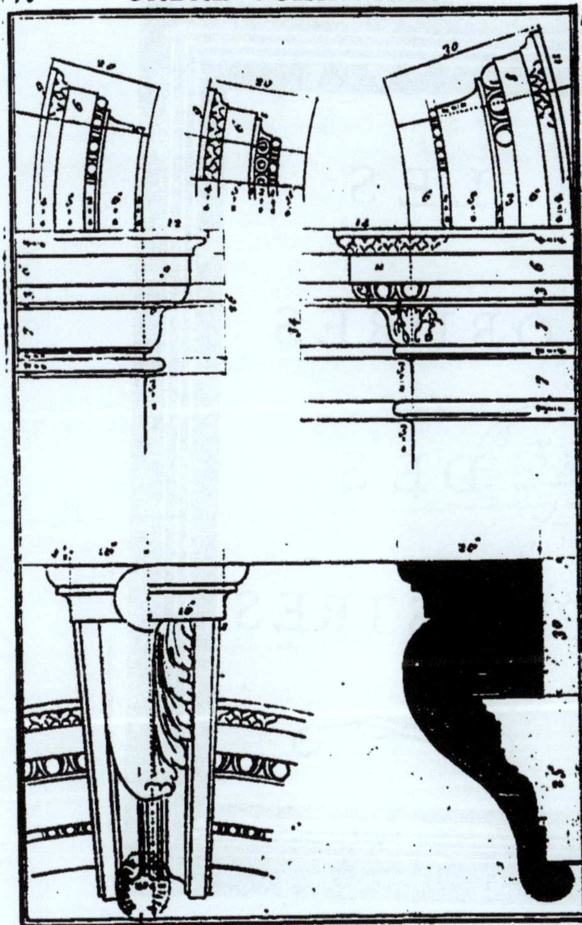

79

# LES ORDRES DES PILASTRES

# ORDRE TOSCAN.

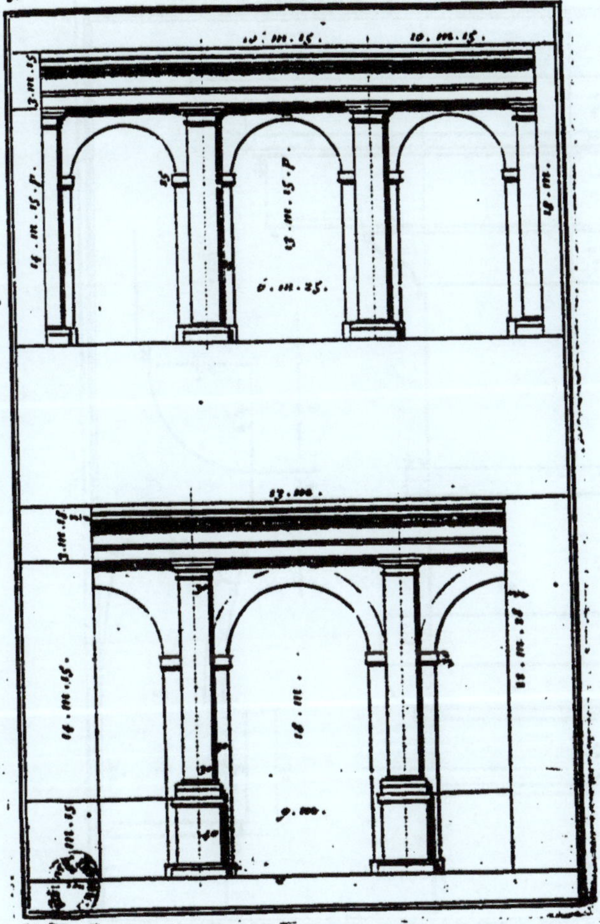

# ORDRE TOSCAN.

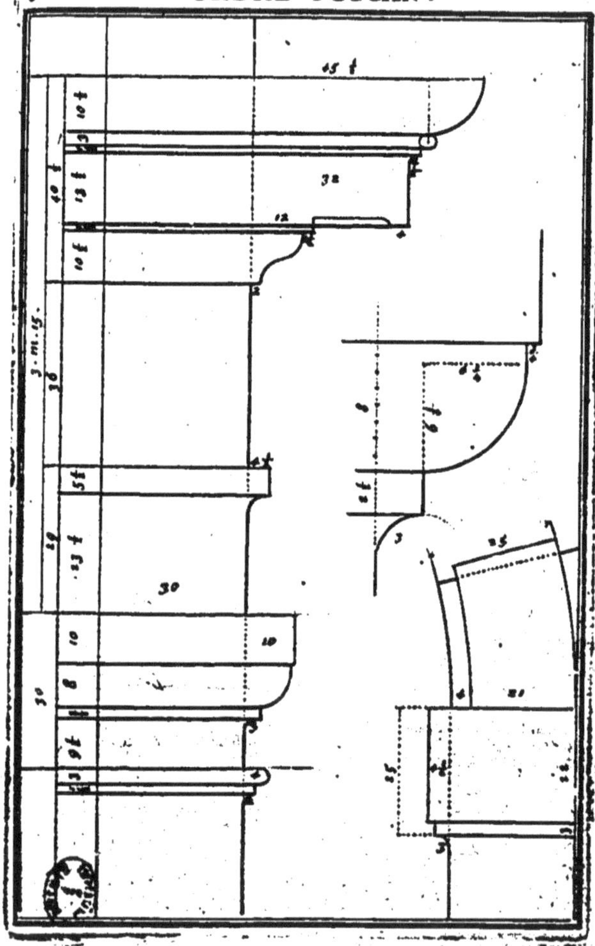

# ORDRE TOSCAN.

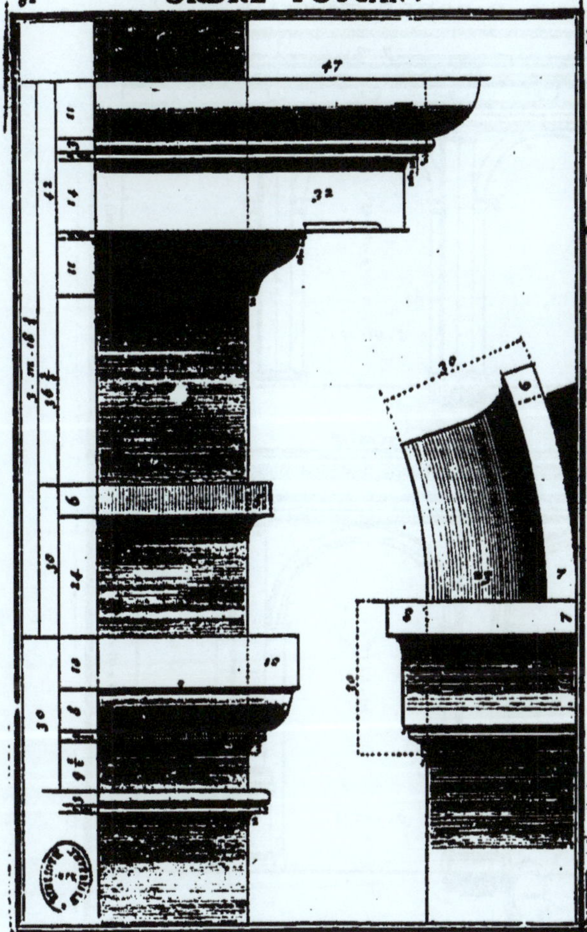

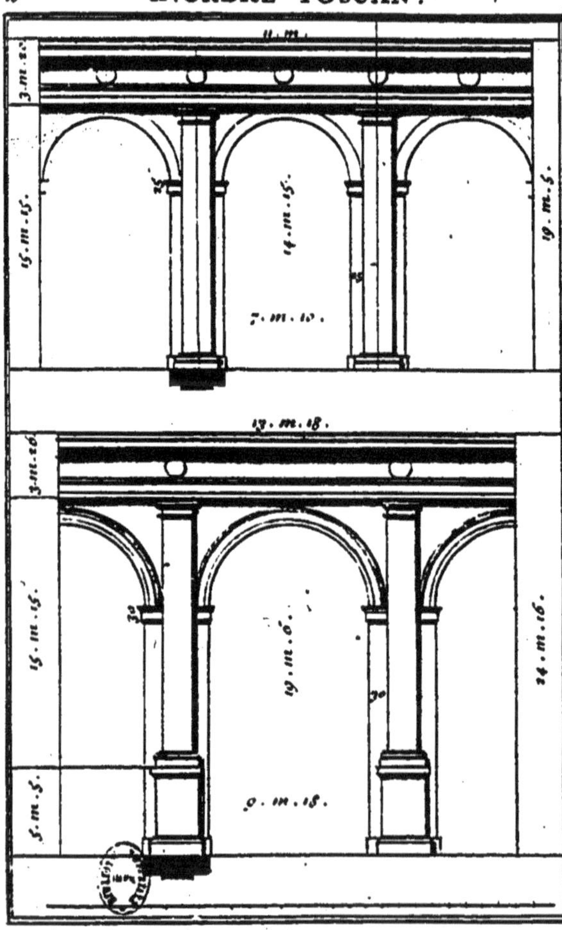
11. m.
3. m. 20.
15. m. 15.
14. m. 15.
19. m. 5.
7. m. 10.
13. m. 18.
3. m. 26.
15. m. 15.
19. m. 6.
24. m. 16.
5. m. 5.
9. m. 18.

# II. ORDRE TOSCAN.

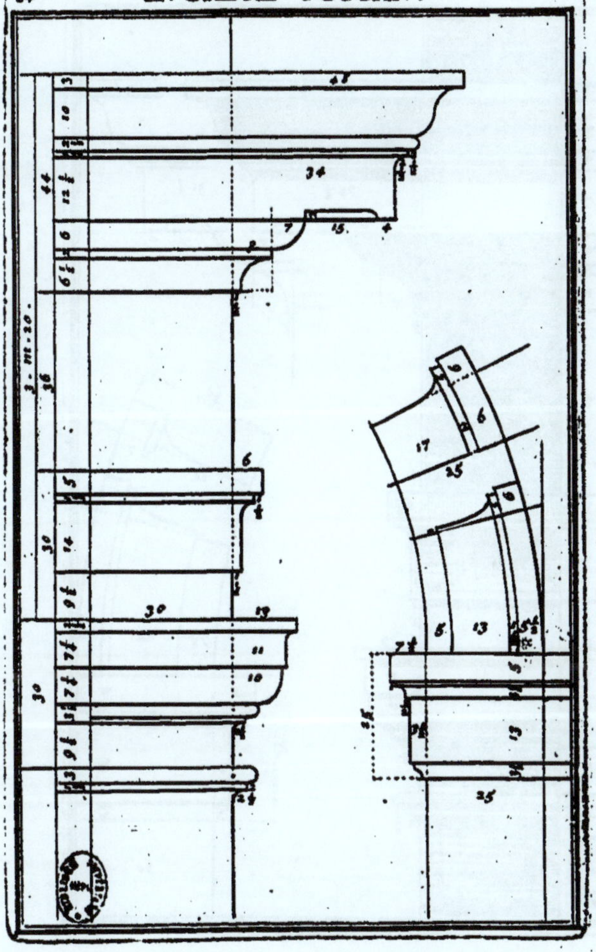

# II. ORDRE TOSCAN.

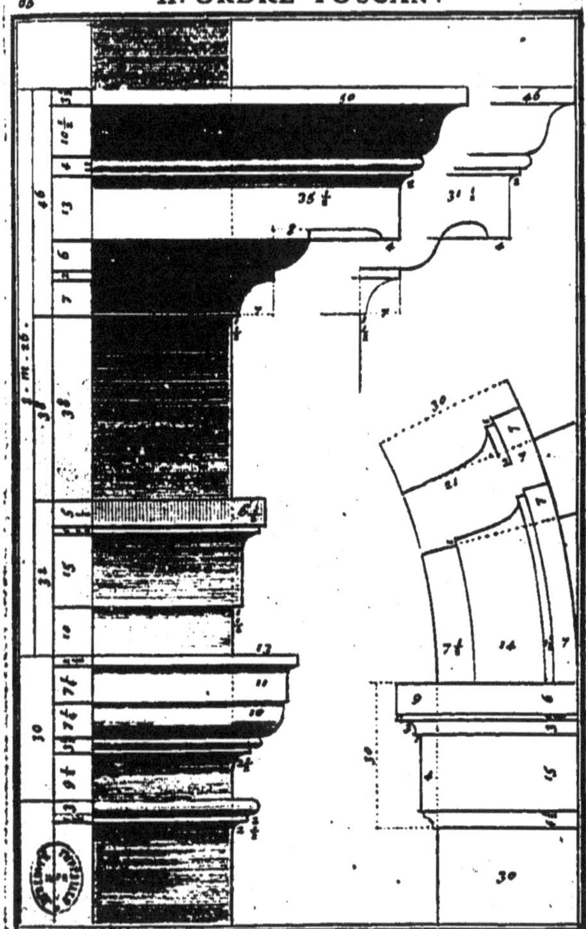

# ORDRE DORIQUE.

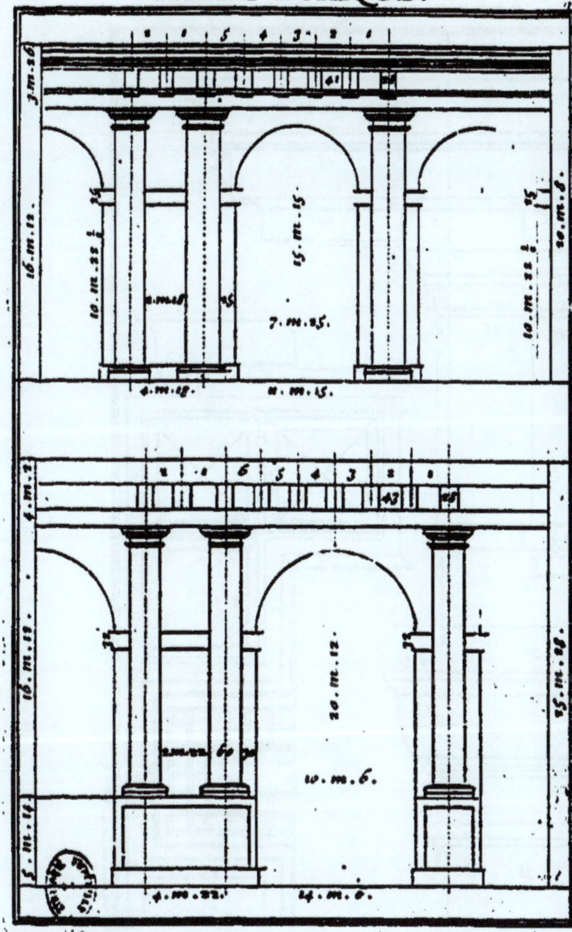

# ORDRE DORIQUE.

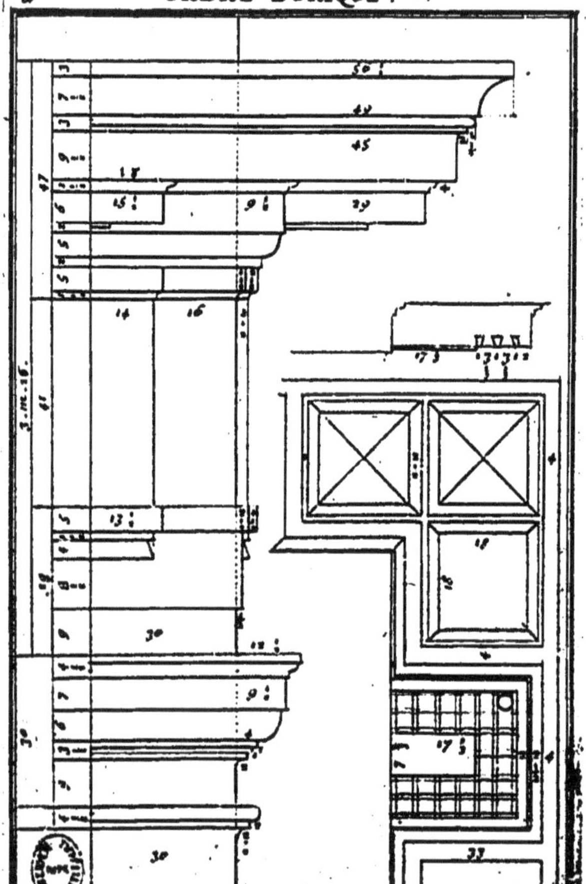

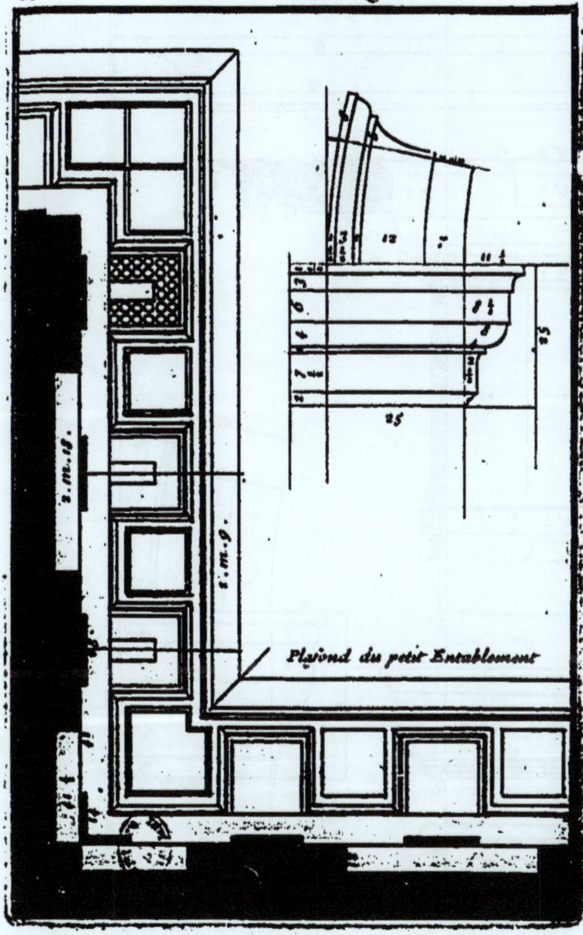

Plafond du petit Entablement
1.m.18.
1.m.9.
25
12
25

# ORDRE DORIQUE.

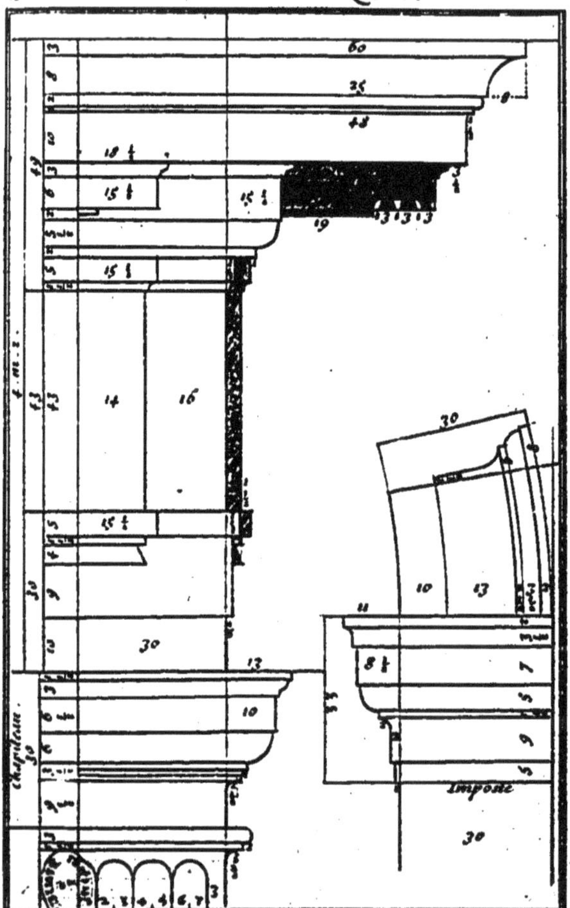

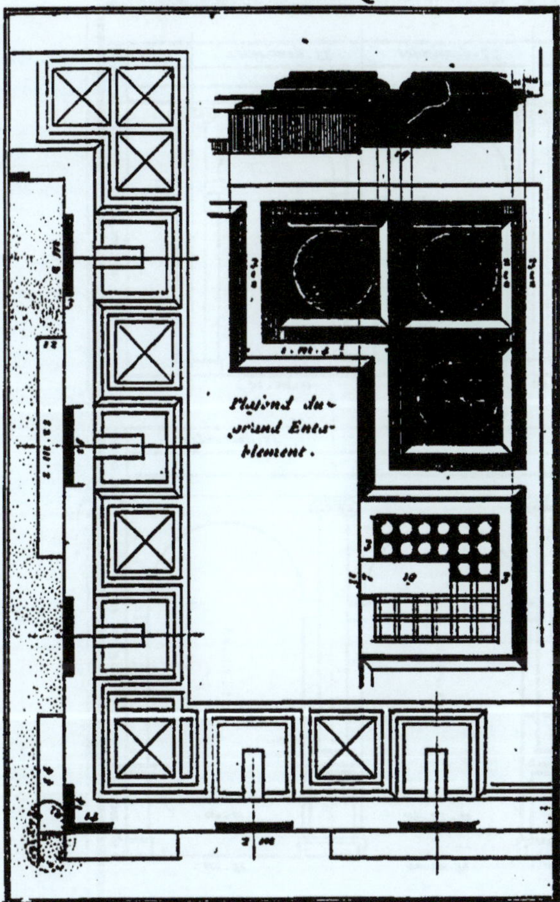
Plafond du
grand Enta-
blement.

# ORDRE IONIQUE.

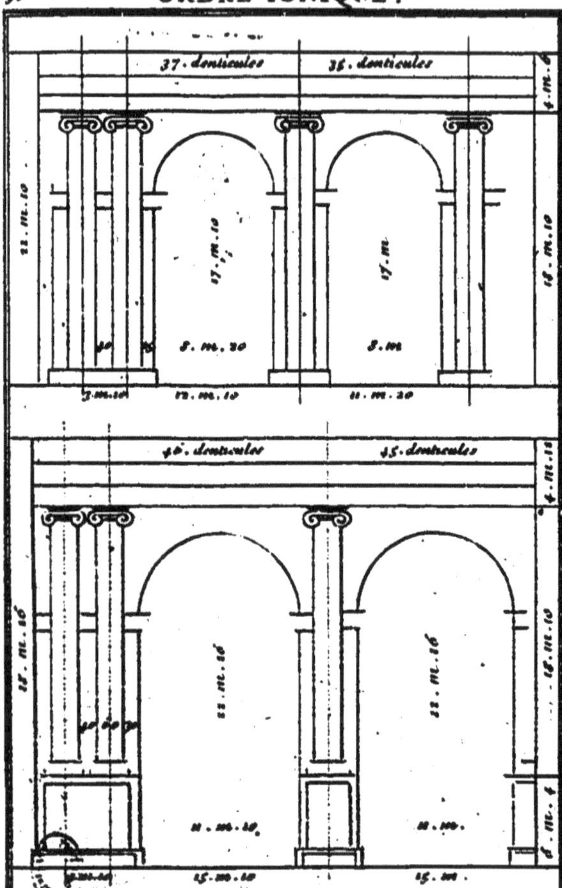

# ORDRE IONIQUE

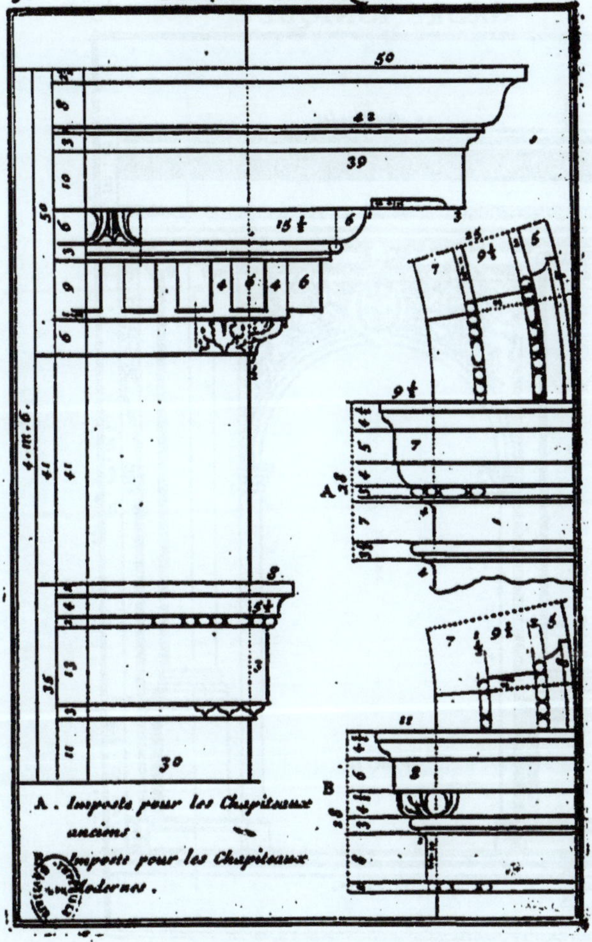


A. Imposte pour les Chapiteaux anciens.

B. Imposte pour les Chapiteaux Modernes.

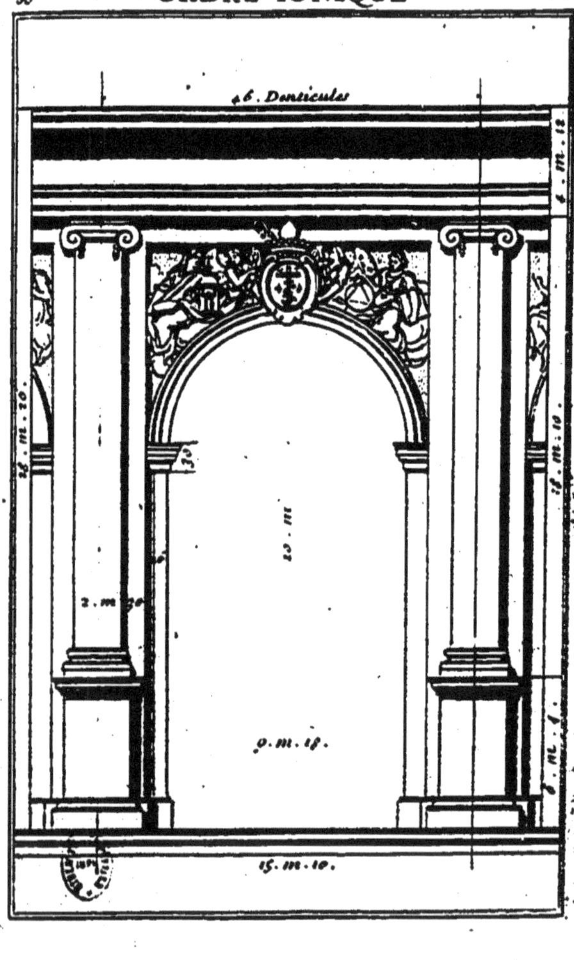
46. Denticules
4. m. 12
28. m. 20.
18. m. 10.
20. m
2. m. 30
9. m. 18.
8. m. 4.
15. m. 10.

# ORDRE IONIQUE.

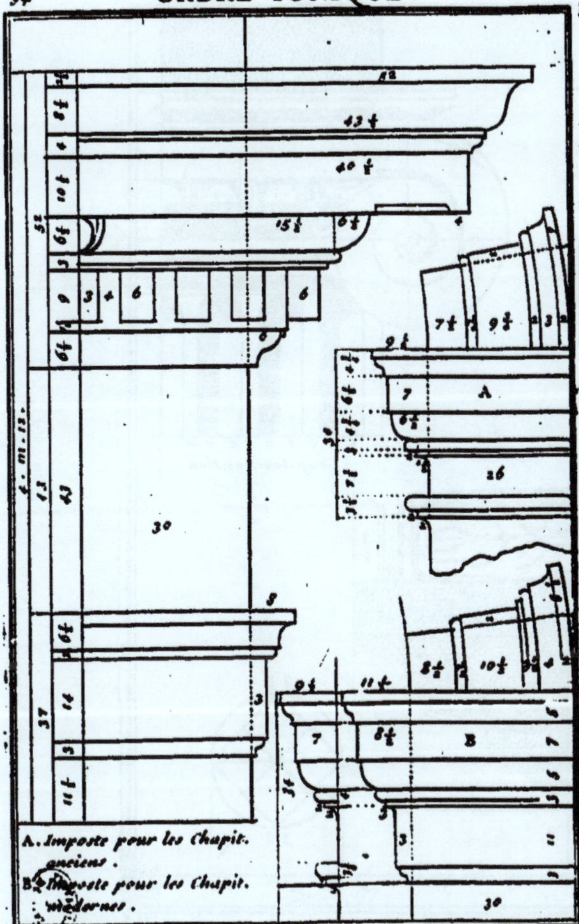

A. Imposte pour les Chapit. anciens.

B. Imposte pour les Chapit. modernes.

# ORDRE IONIQUE

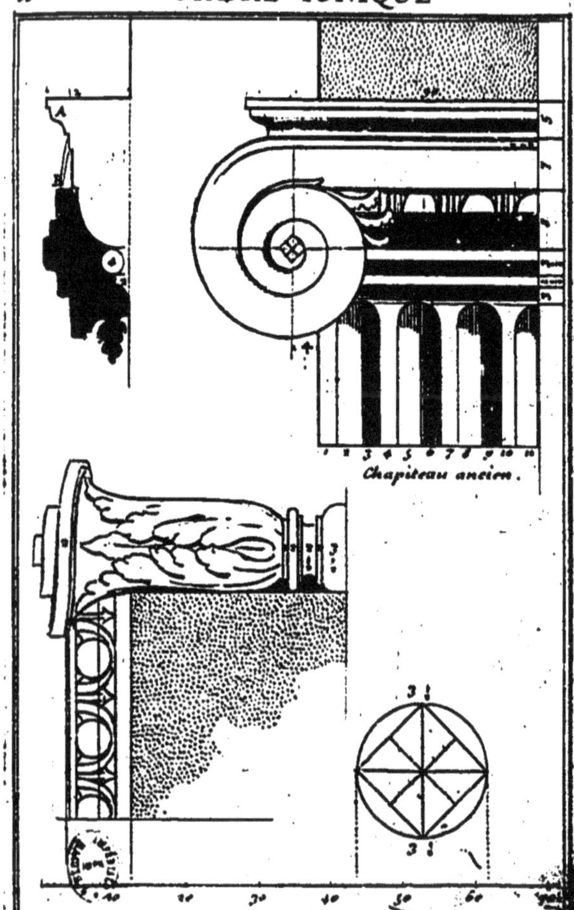

ORDRE IONIQUE.

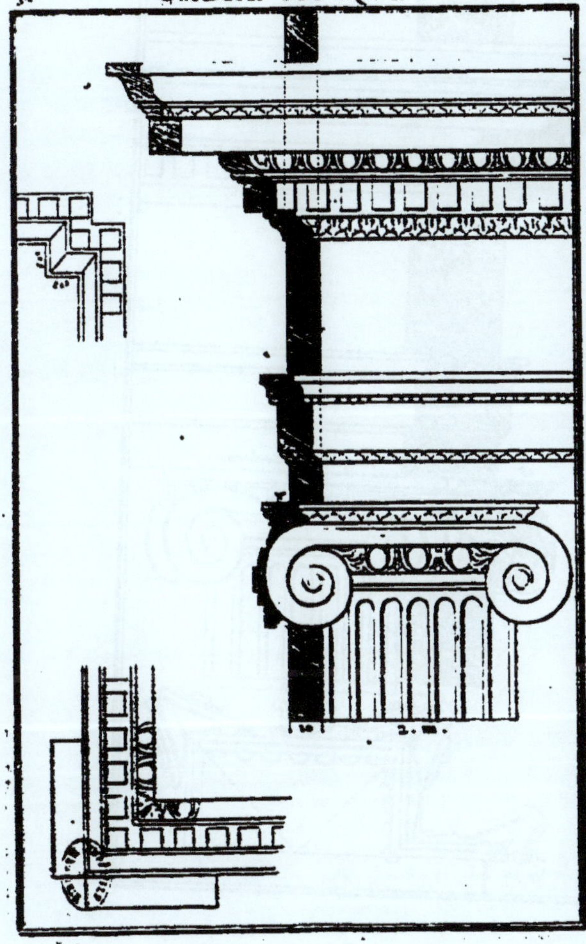

# ORDRE IONIQUE.

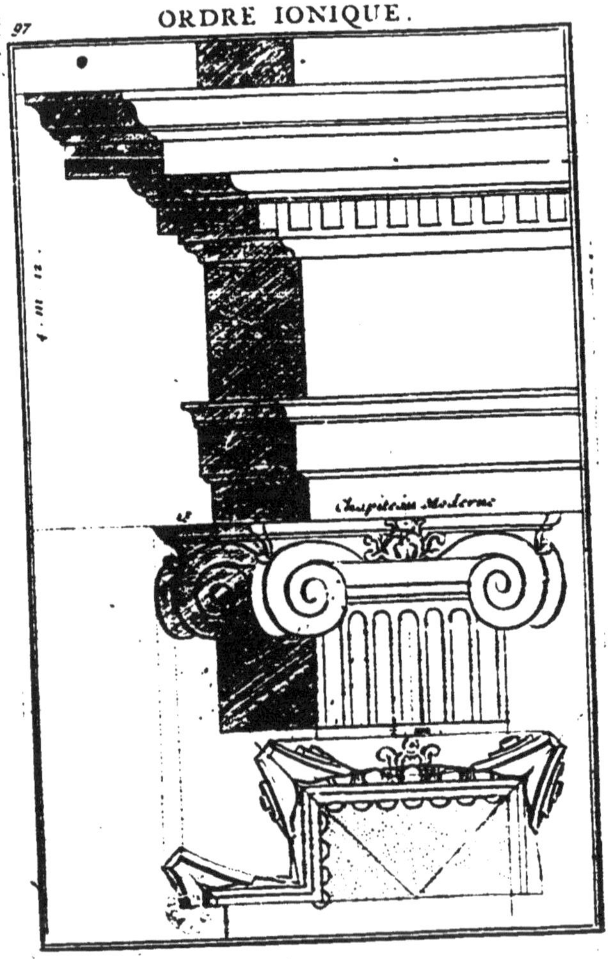

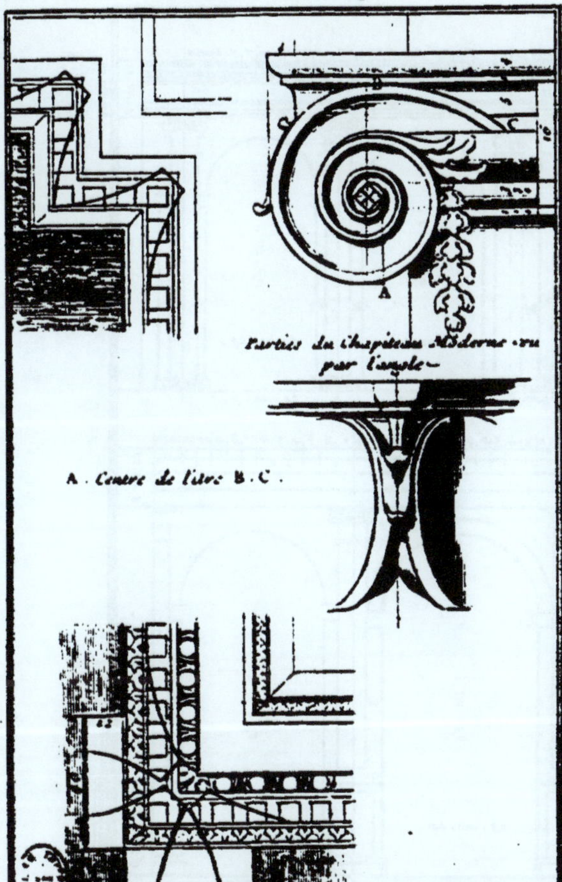
B
C
A
Parties du Chapiteau Moderne vu par l'angle.
A. Centre de l'œil. B. C.

# ORDRE ROMAIN.

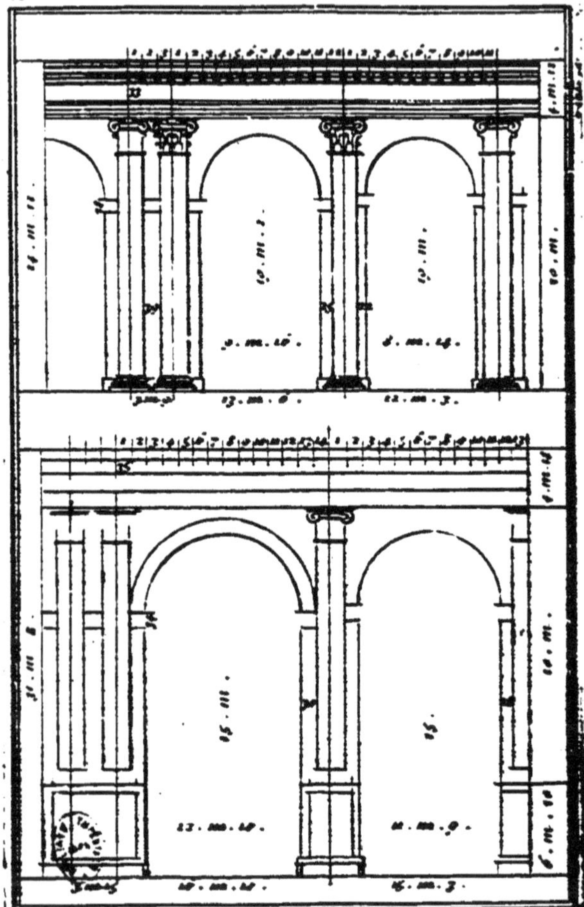

## ORDRE ROMAIN.

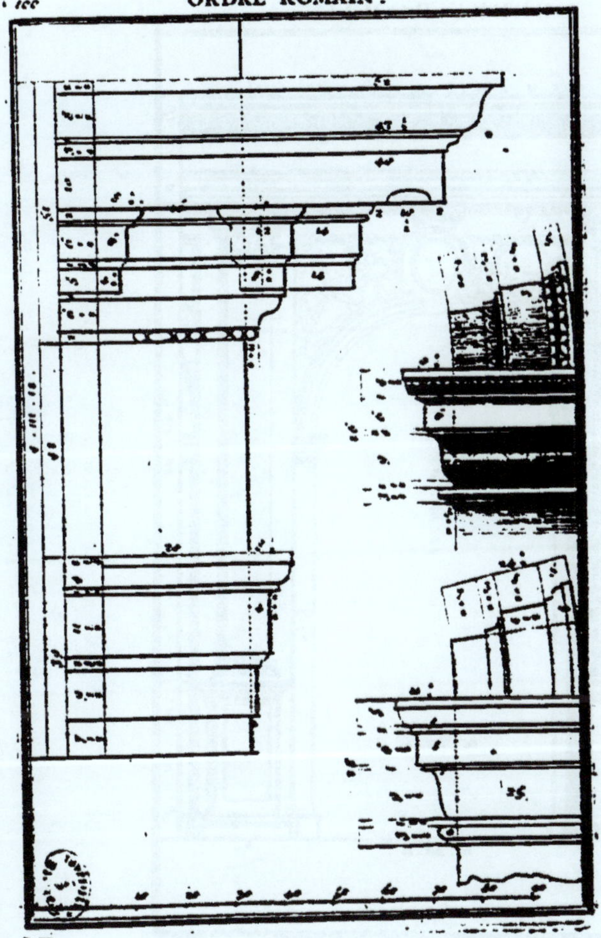

# ORDRE ROMAIN

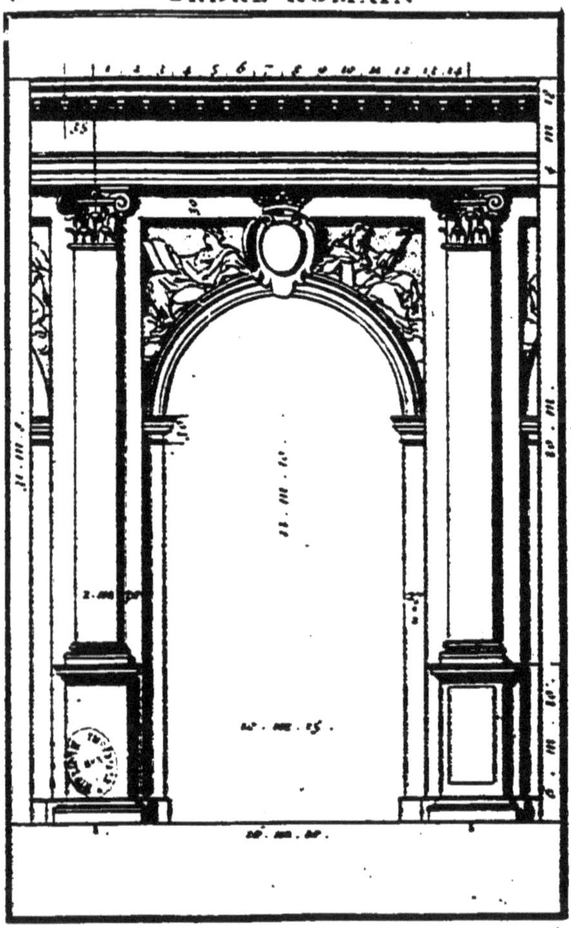

# ORDRE ROMAIN.

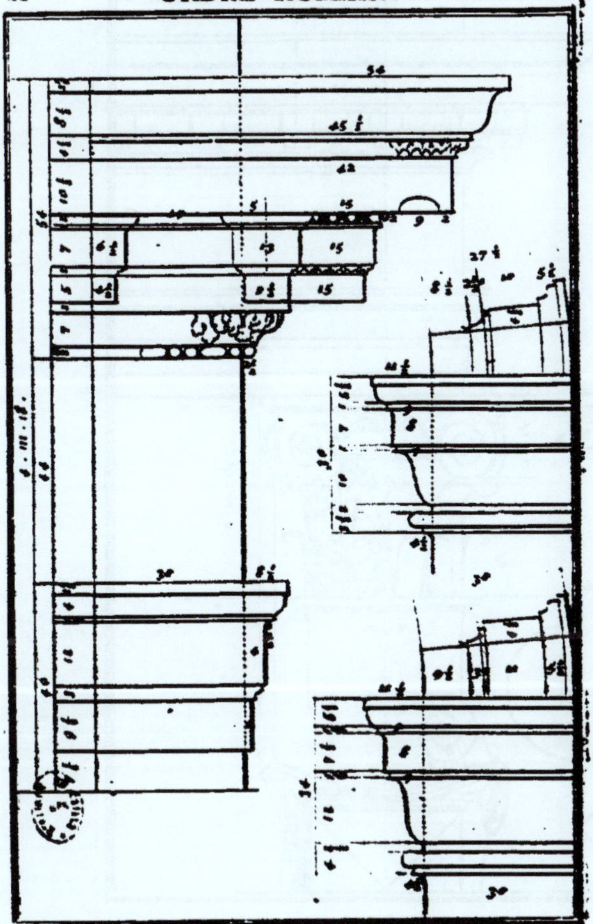

ORDRE ROMAIN.

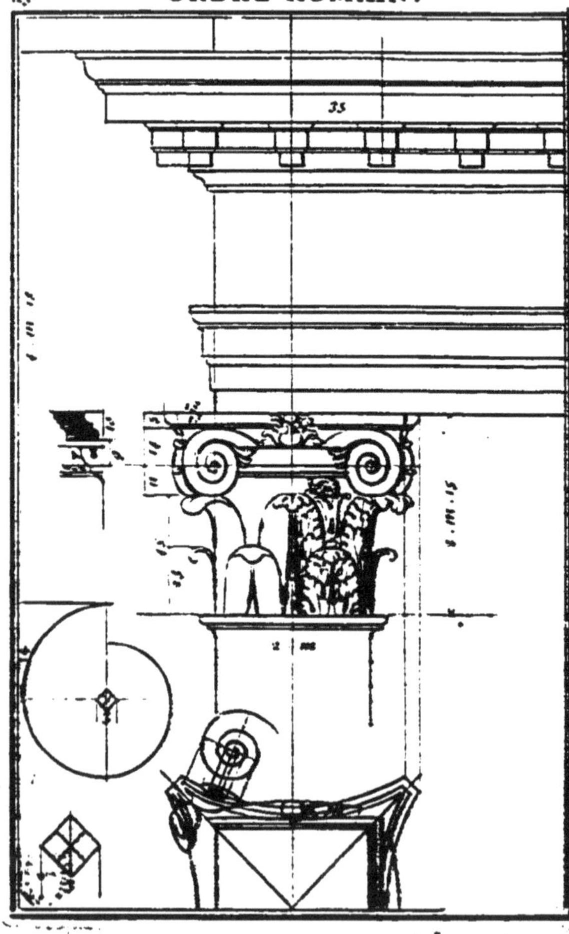

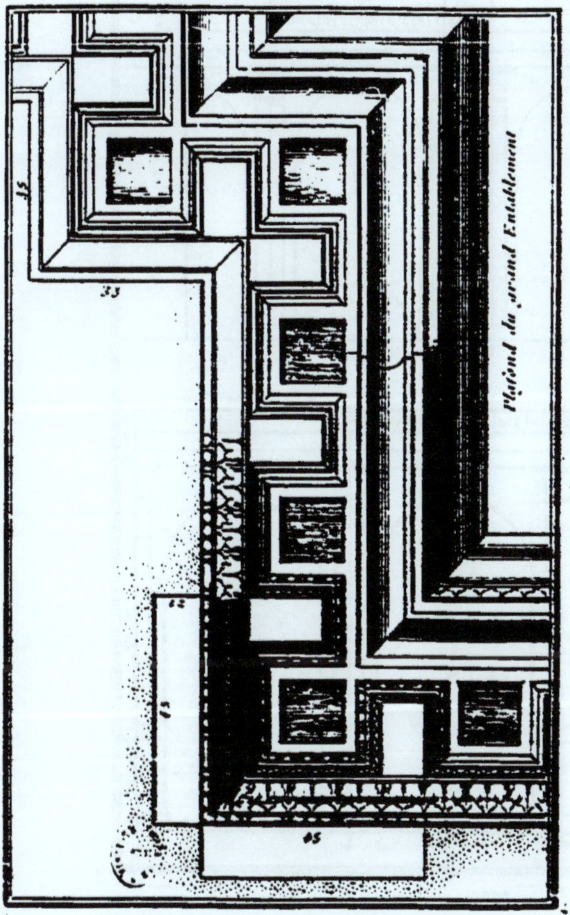
Plafond du grand Entablement
15
33
12
15
45

# ORDRE ESPAGNOL.

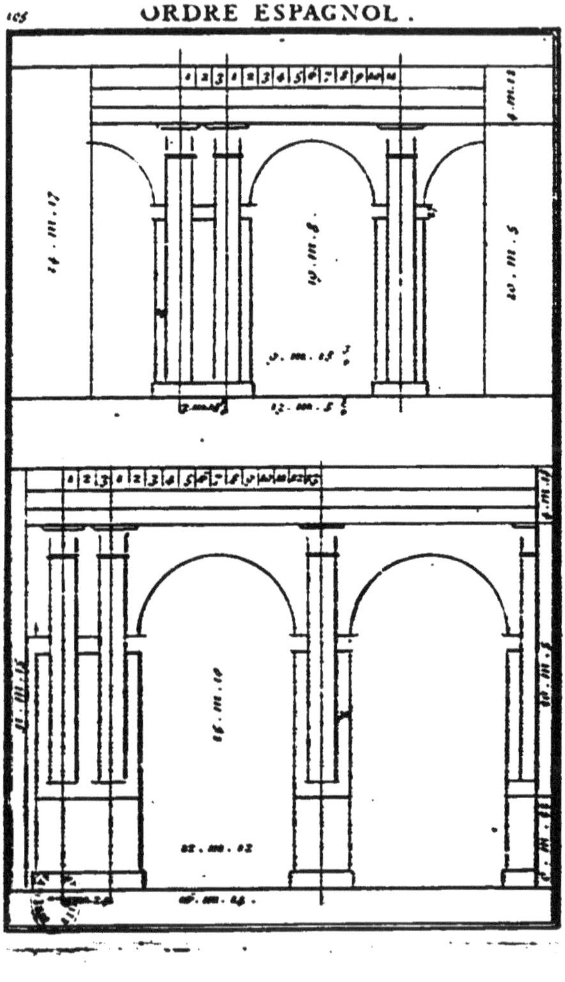

# ORDRE ESPAGNOL.

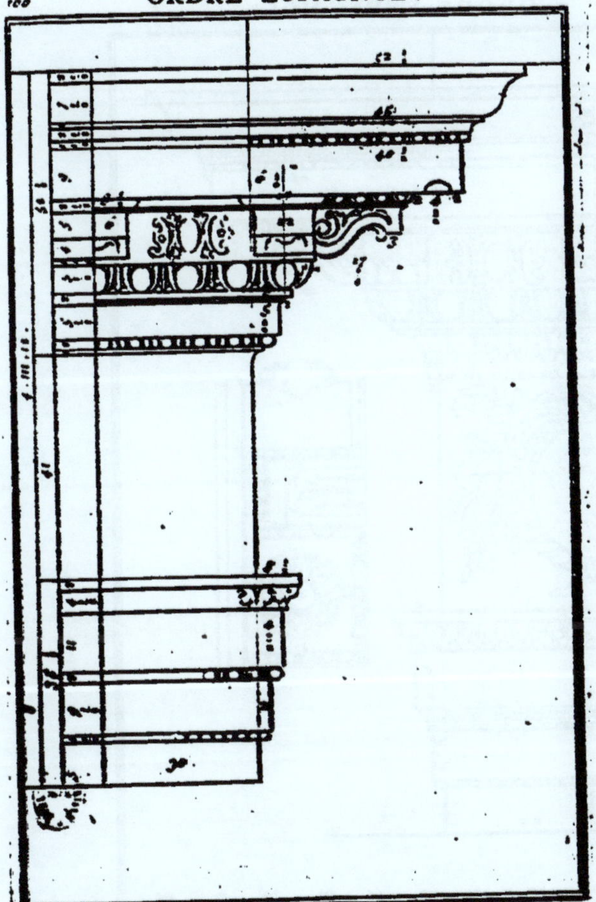

ORDRE ESPAGNOL.

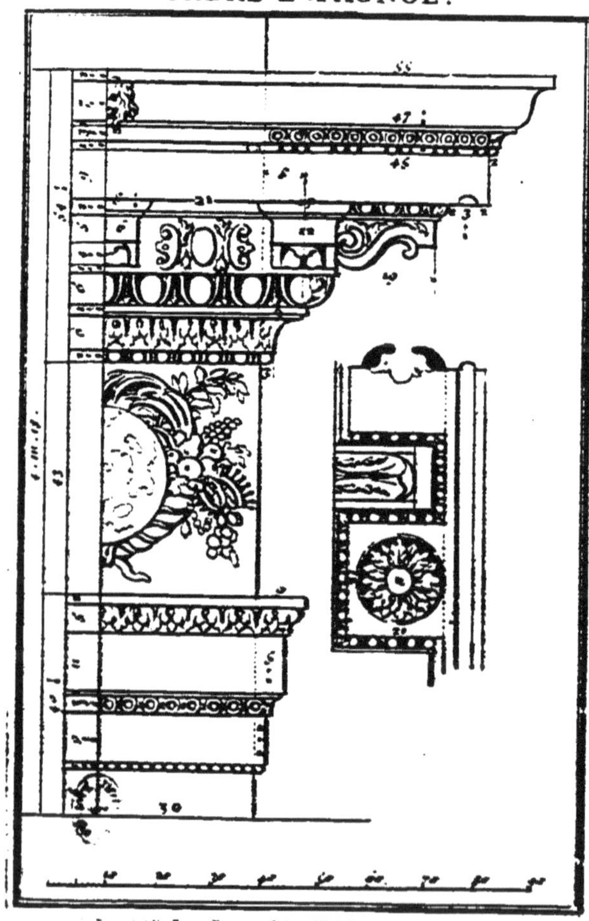

# ORDRE ESPAGNOL.

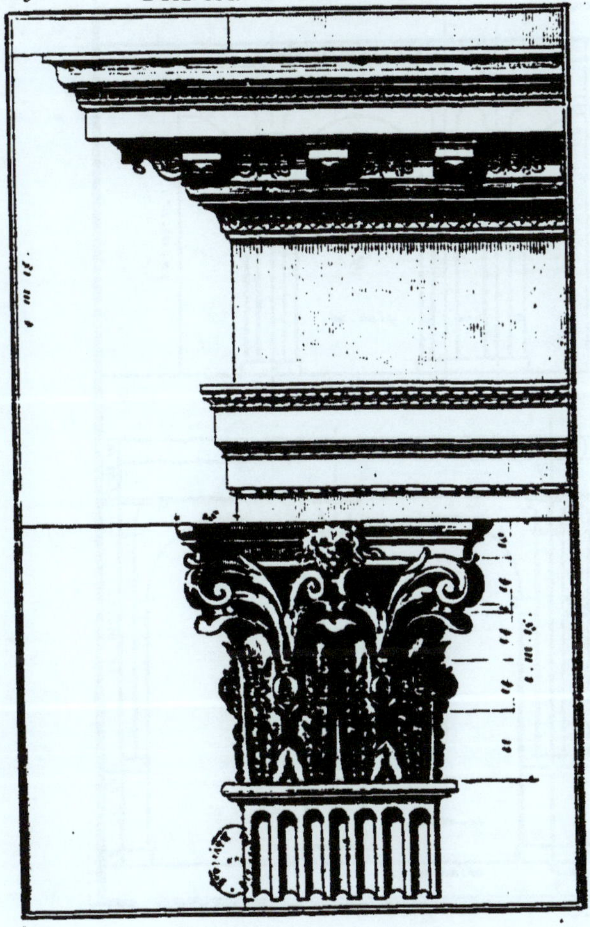

# ORDRE CORINTHIEN.

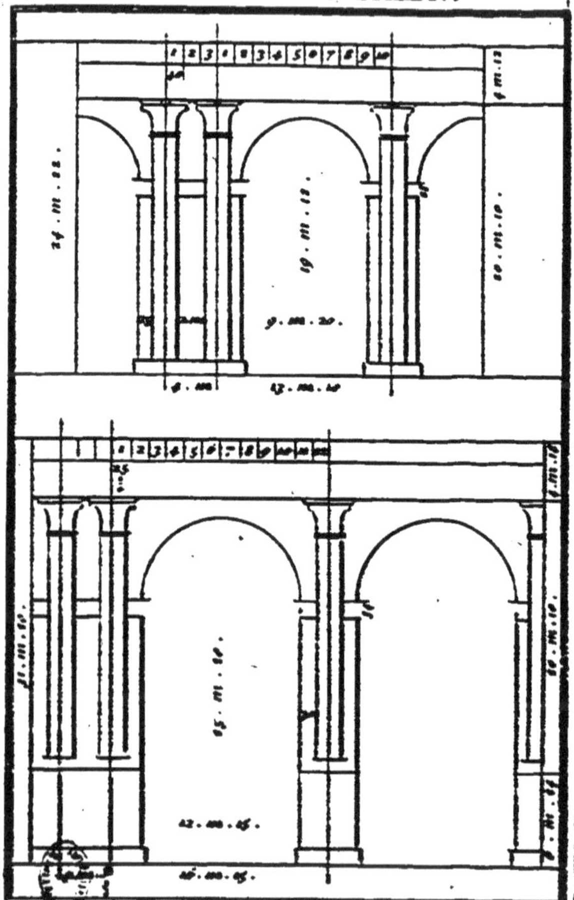

# ORDRE CORINTHIEN.

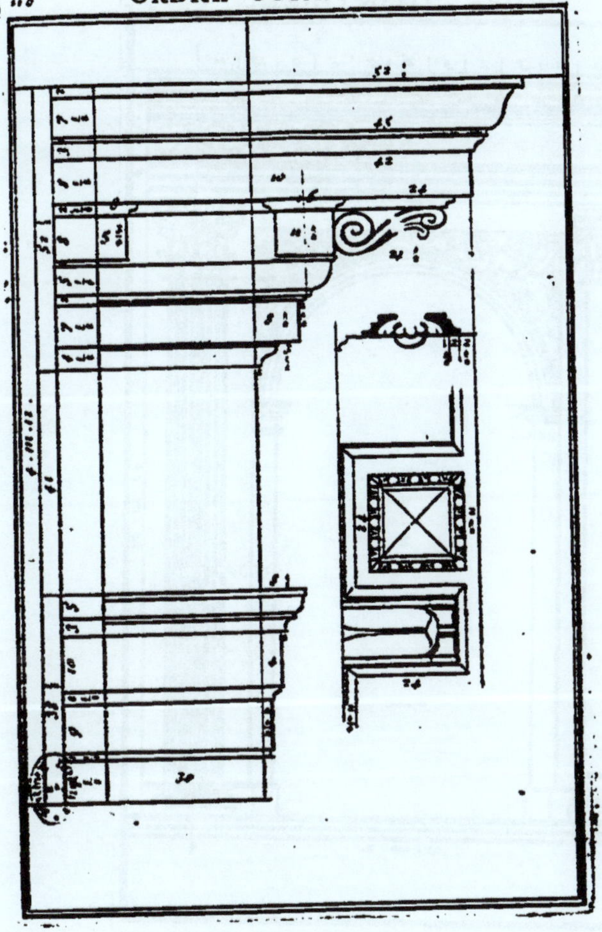

111

ORDRE CORINTHIEN.

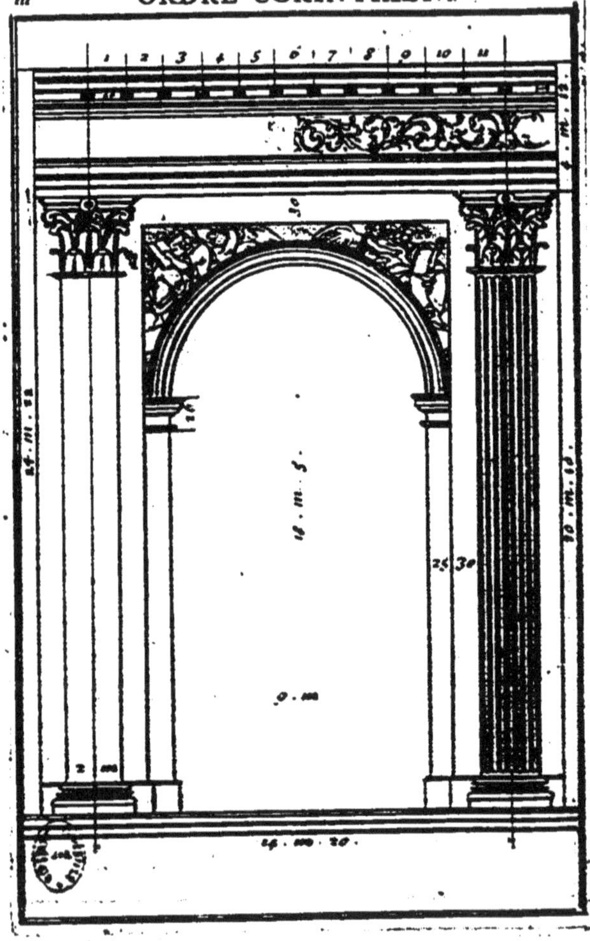

# ORDRE CORINTHIEN

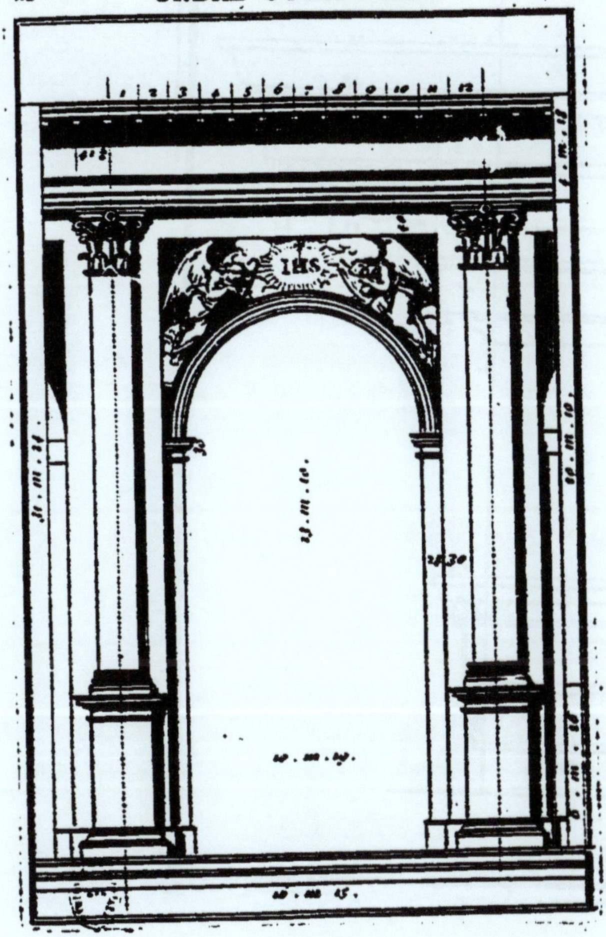

# ORDRE CORINTHIEN

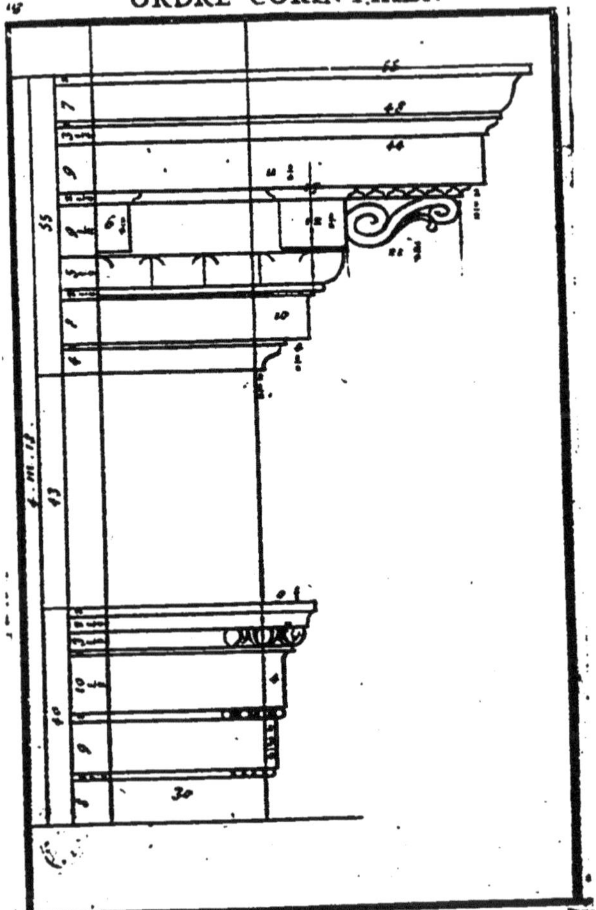

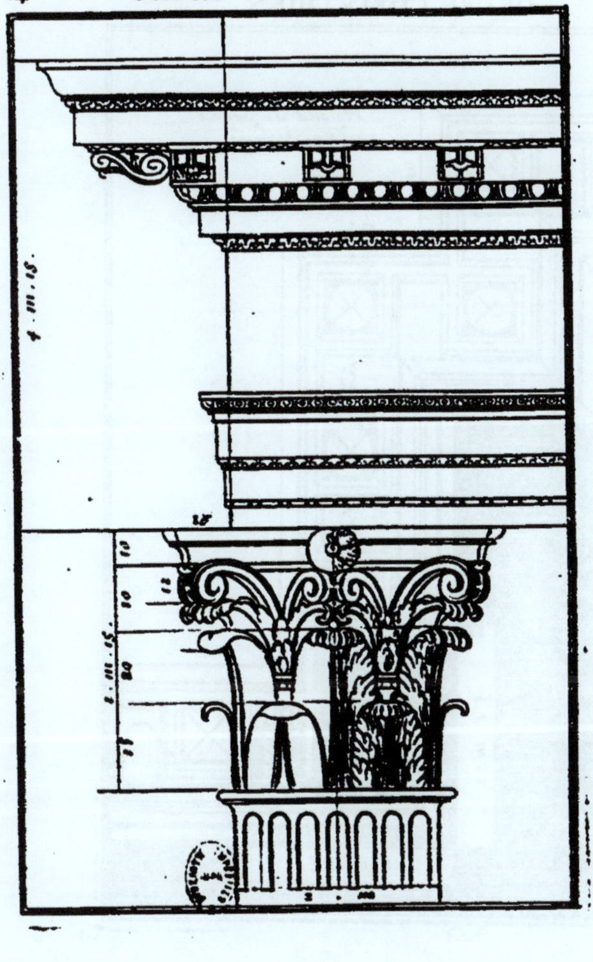

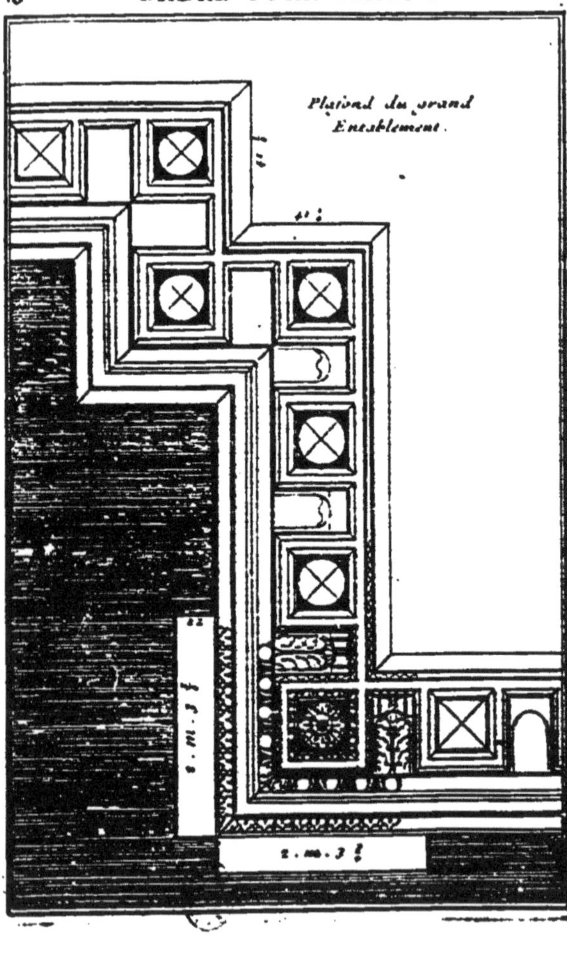
Plafond du grand
Entablement.
2.m.3 ⅔

# ORDRE CORINTHIEN

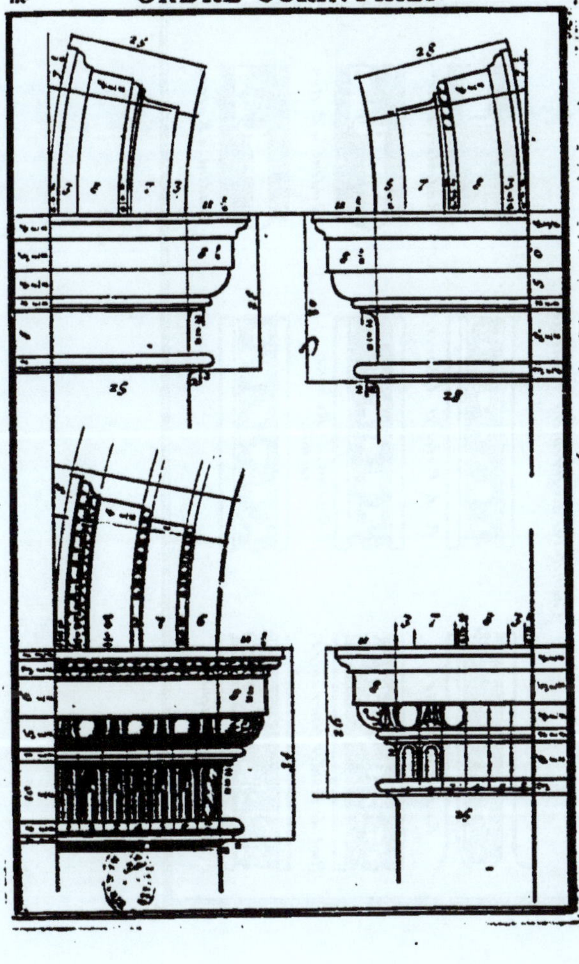

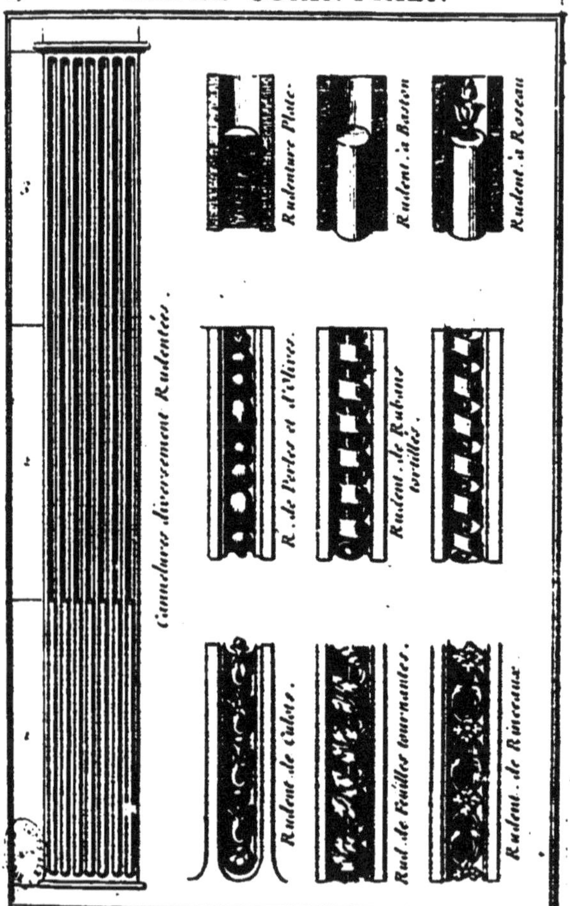
Cannelures diversement Rudentées.
Rudenture Plate.
Rudent. à Baston
Rudent. à Roseau
R. de Perles et d'Olives.
Rudent. de Rubans tortillés.
Rudent. de Culots.
Rud. de Feuilles tournantes.
Rudent. de Rinceaux

# ORNEMENS.

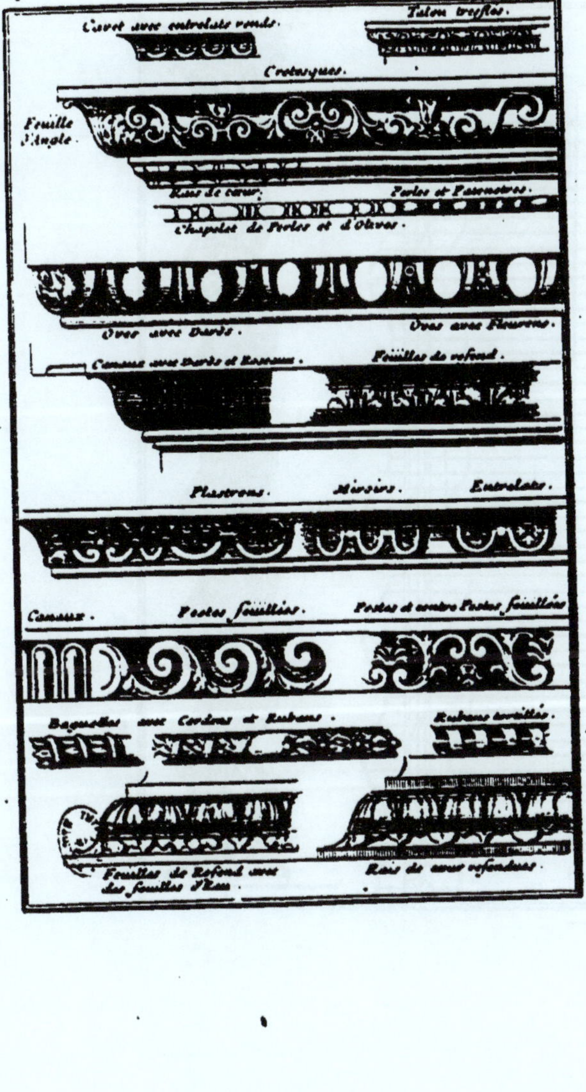
Cavet avec entrelats ronds.
Talon treflés.
Crotesques.
Feuille d'Angle.
Rais de cœur.
Perles et Patenotres.
Chapelet de Perles et d'Olives.
Oves avec Dards.
Oves avec Fleurons.
Canaux avec Dards et Roseaux.
Feüilles de refend.
Plastrons.
Miroirs.
Entrelats.
Canaux.
Postes feüillées.
Postes et contre Postes feüillées
Baguettes avec Cordons et Rubans.
Rubans tortillés.
Feuilles de Refend avec des feuilles d'Eau.
Rais de cœur refendues.

# COLONNE TORSE.

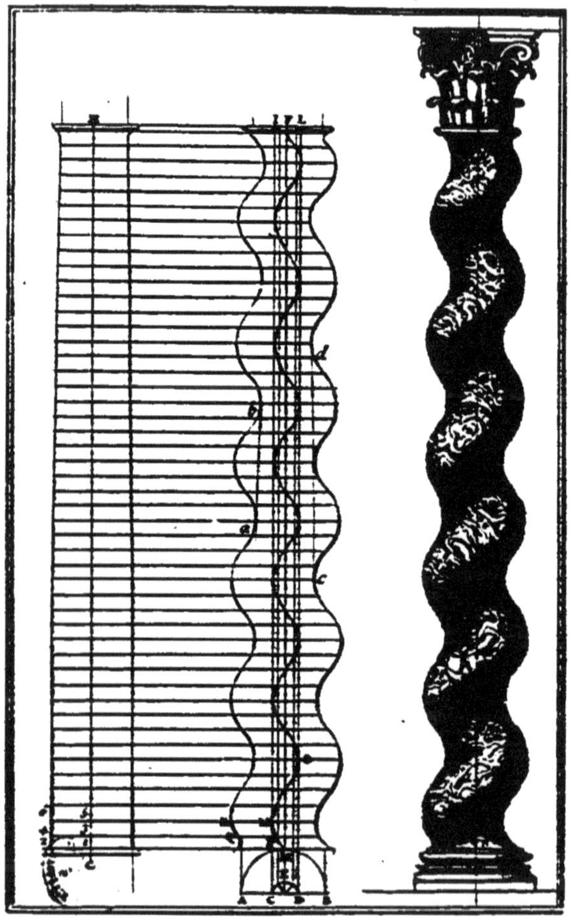

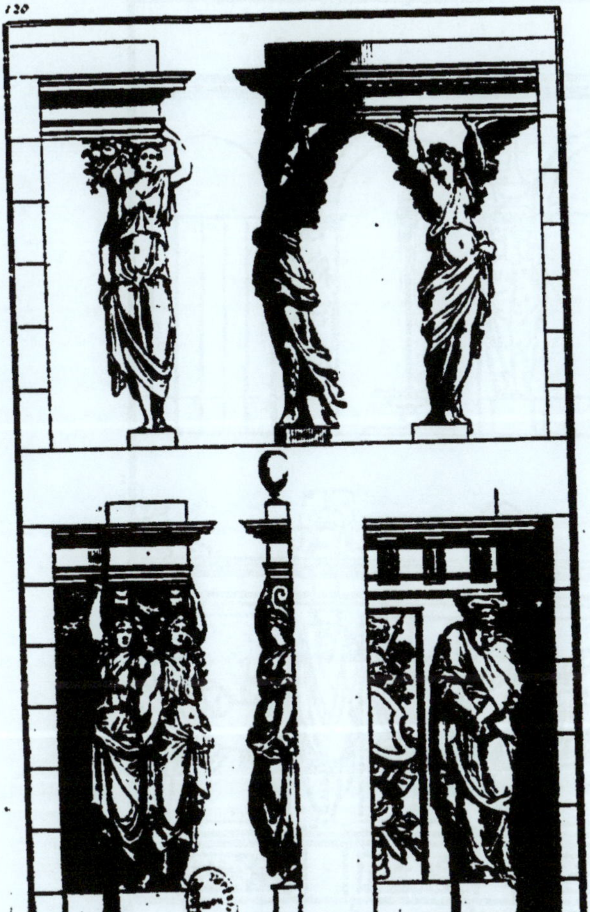

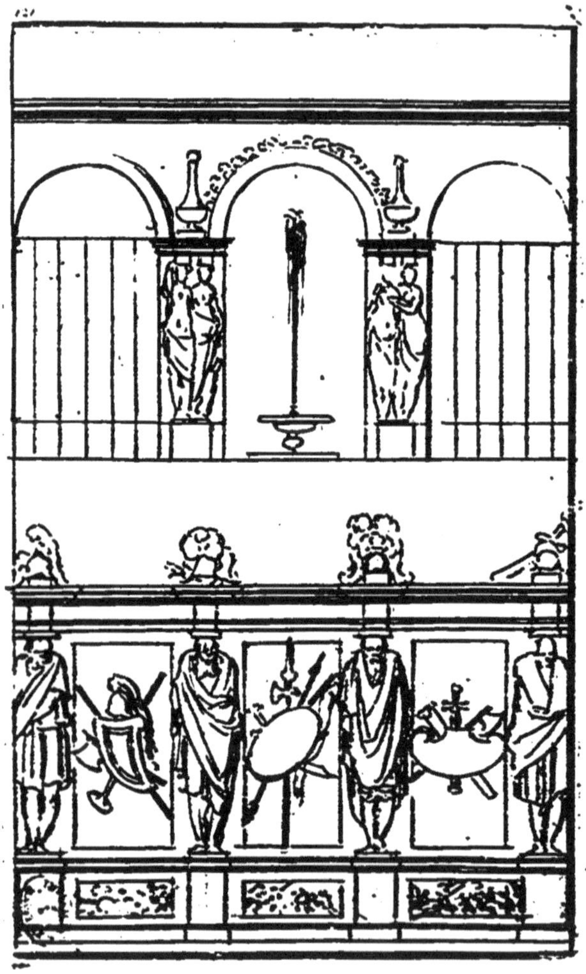

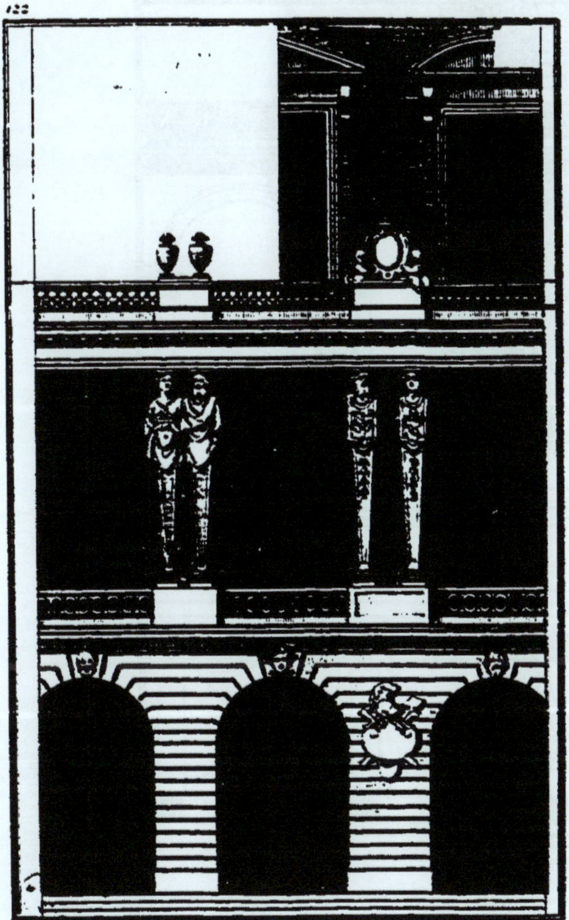

123

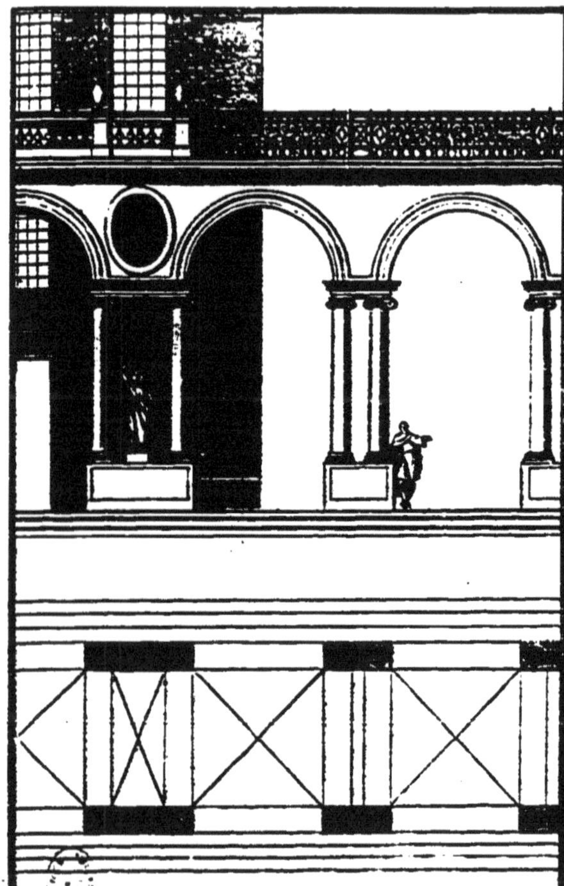

124

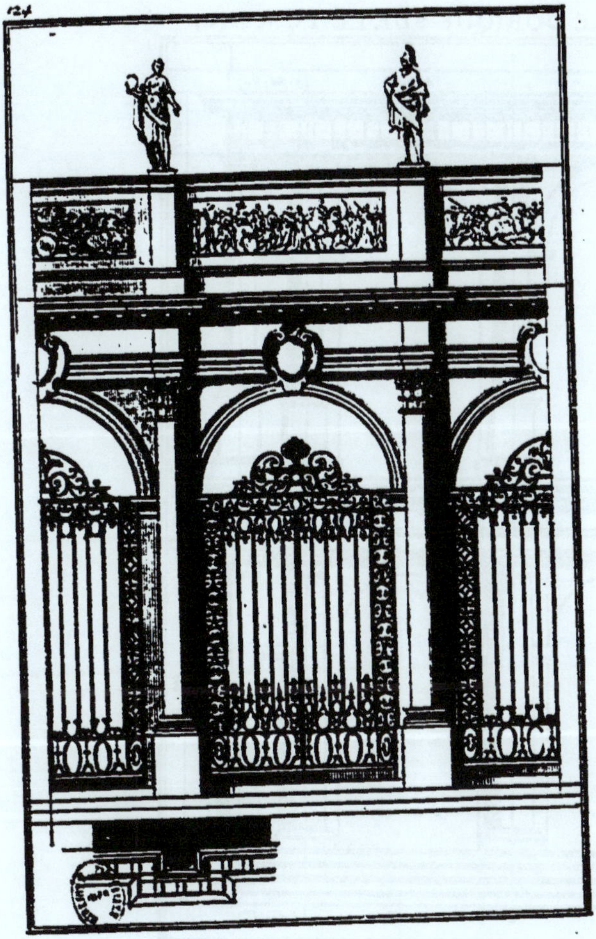

# L'ORDRE DORIQUE SUR LE TOSCAN.

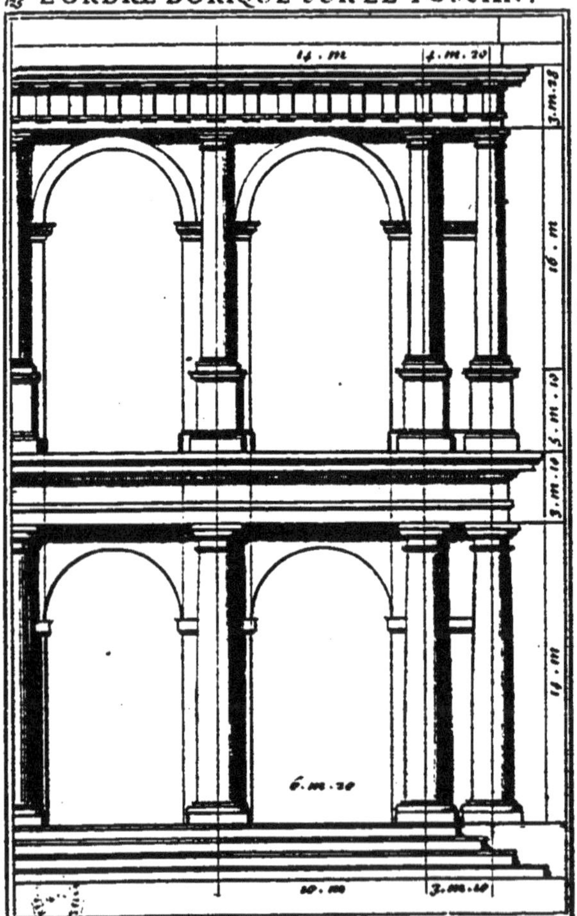

## L'ORDRE IONIQUE SUR LE DORIQUE.

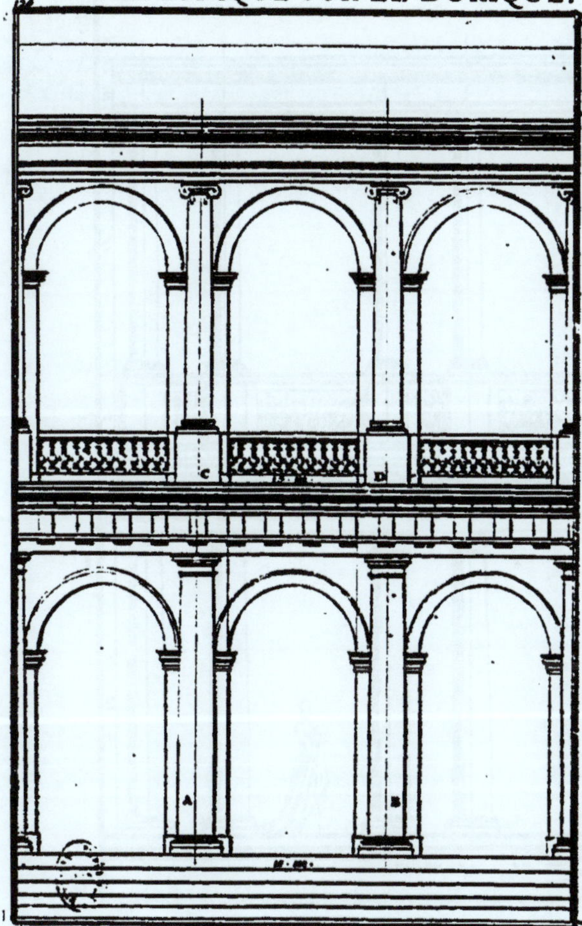

127 L'ORDRE IONIQUE SUR LE DORIQUE.

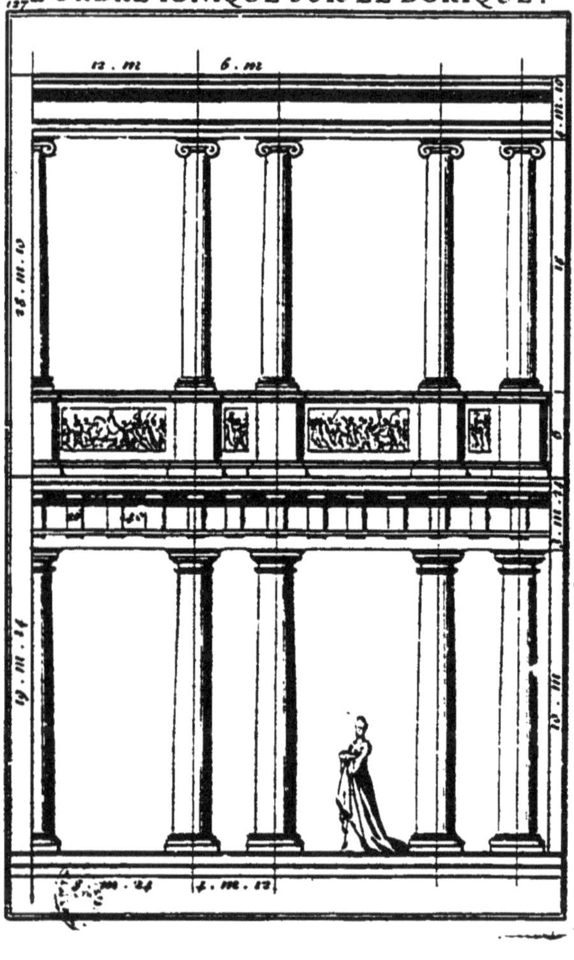

## L'ORDRE ROMAIN SUR L'IONIQUE.

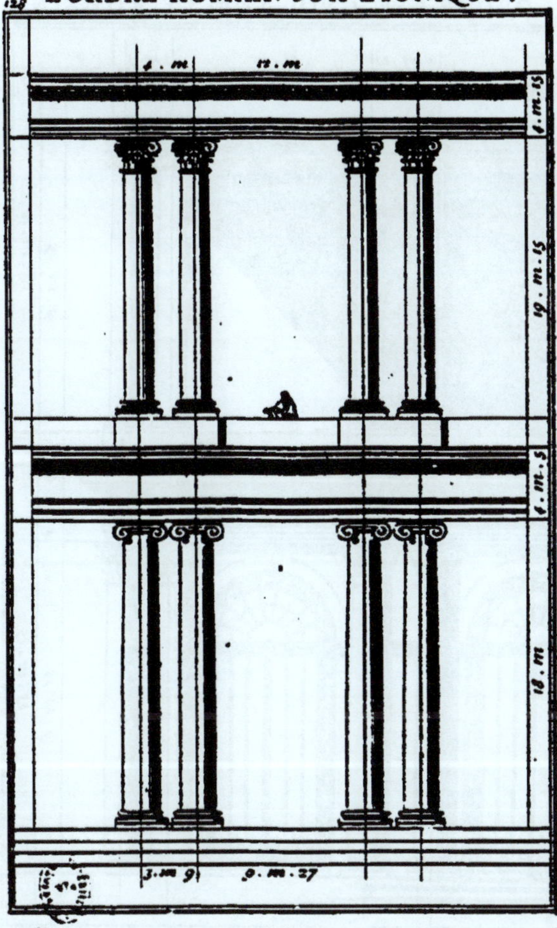

L'ORDRE ESPAGNOL SUR LE ROMAIN.

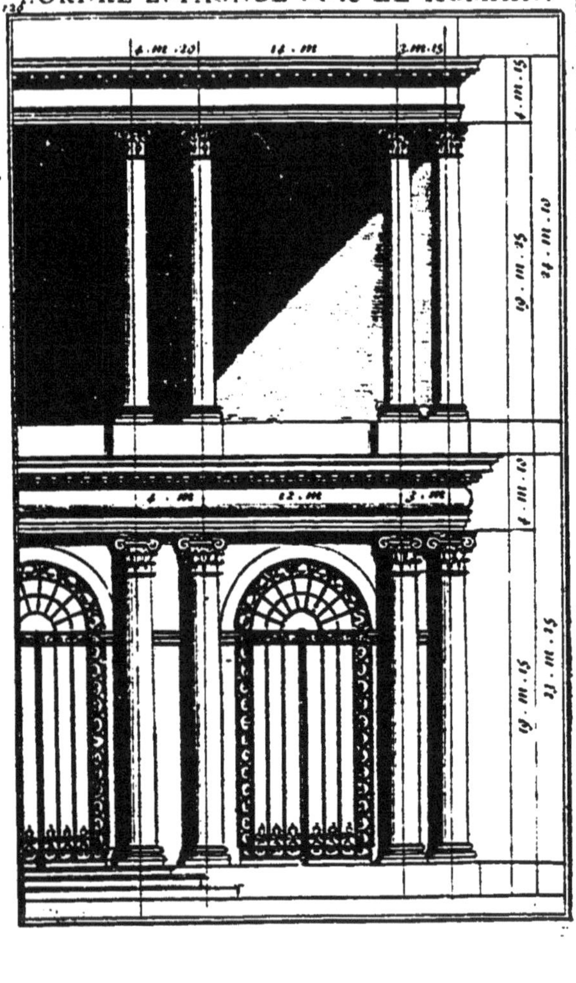

# ORDRE ESPAGNOL.

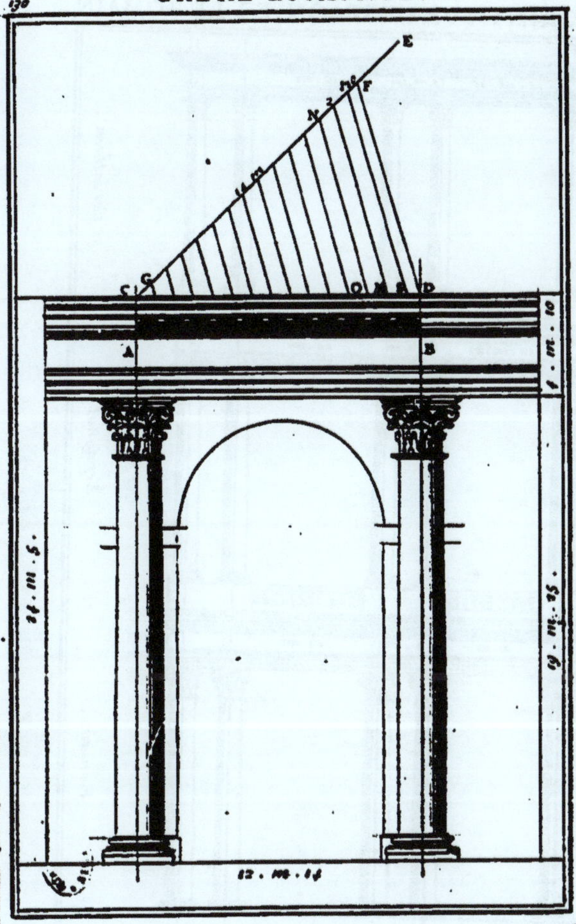

LE CORINT.^{re} SUR L'ESPAGN.^{le} ET LE ROMAIN

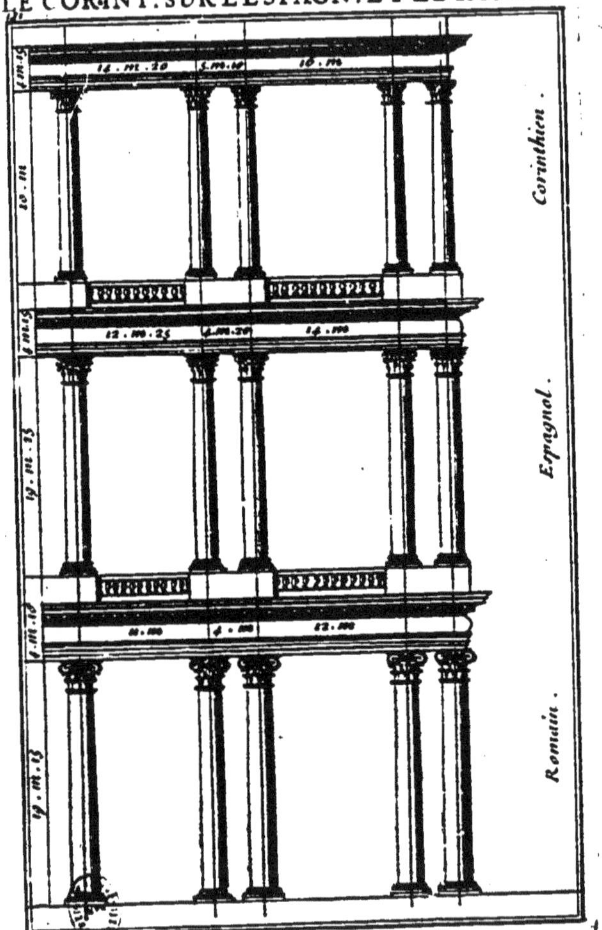

L'ORDRE CORINTHIEN SUR L'ESPAGNOL.

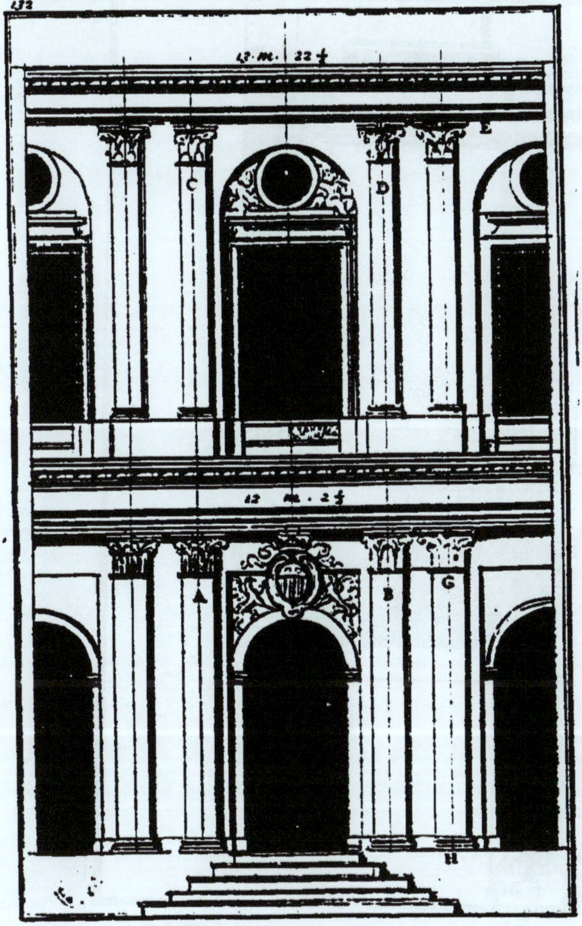

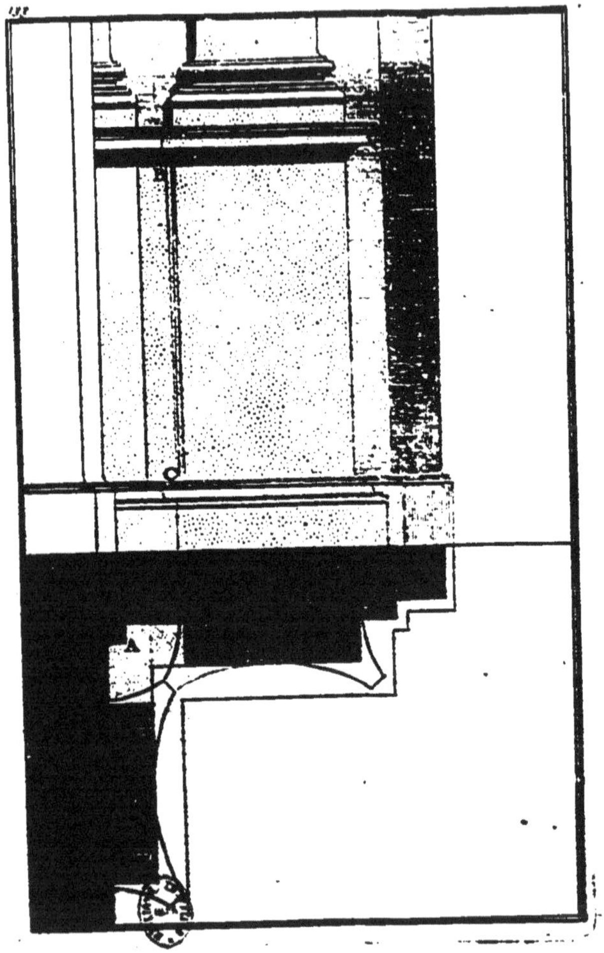
A

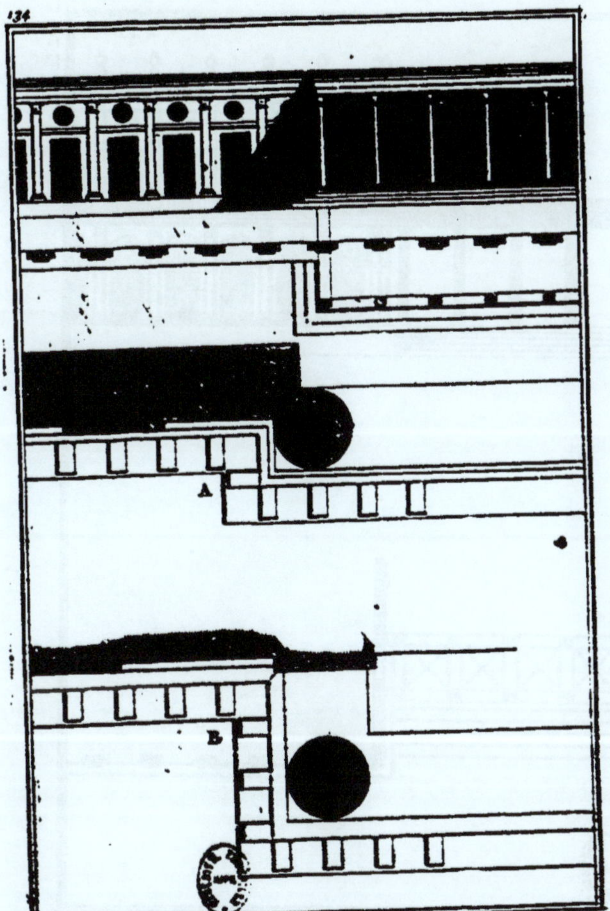
A
B

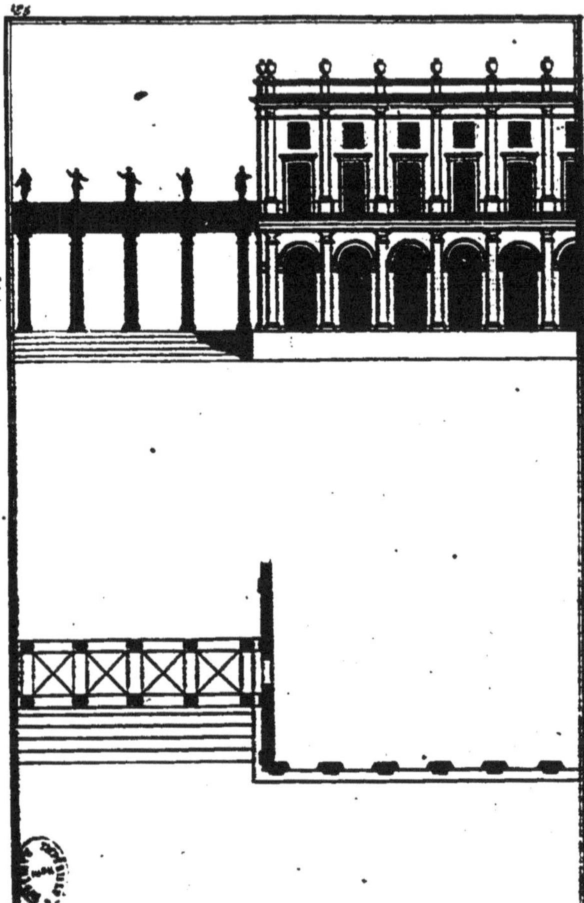

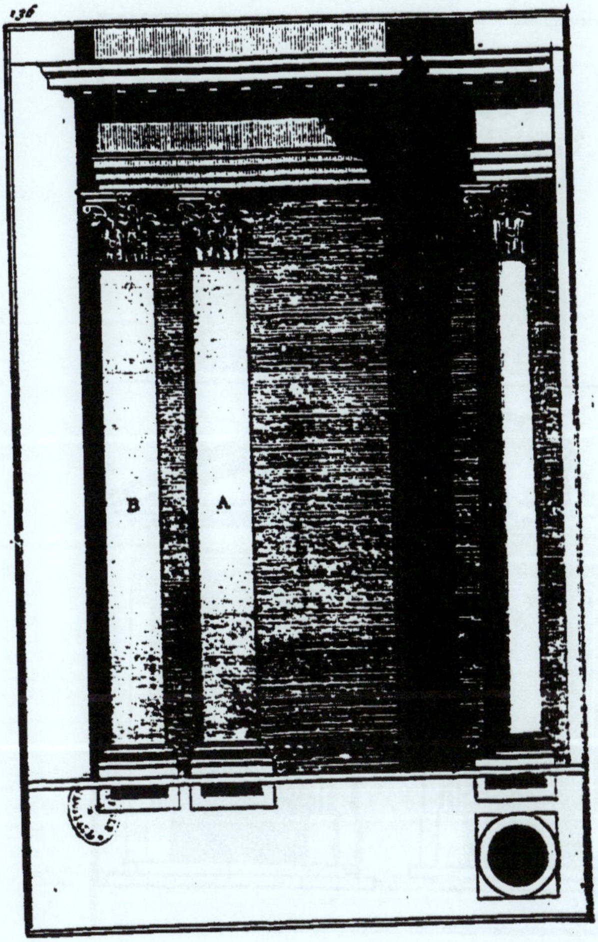
B
A

137

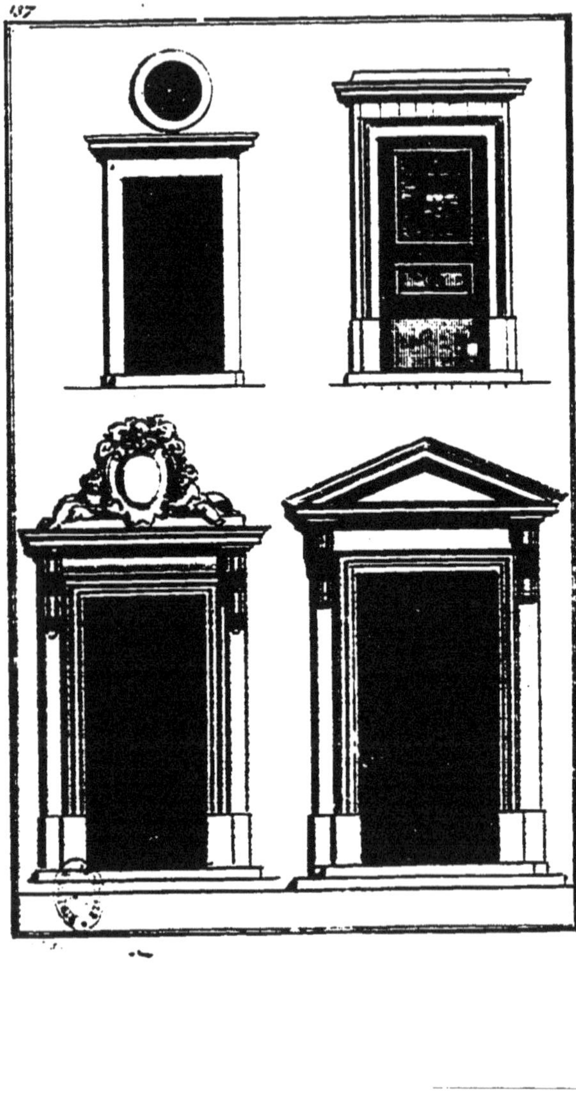

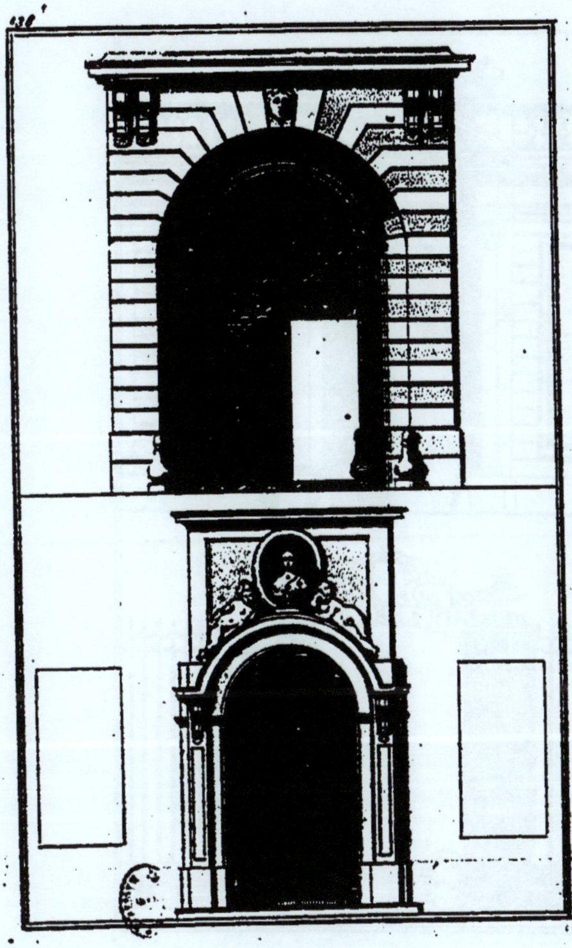

139

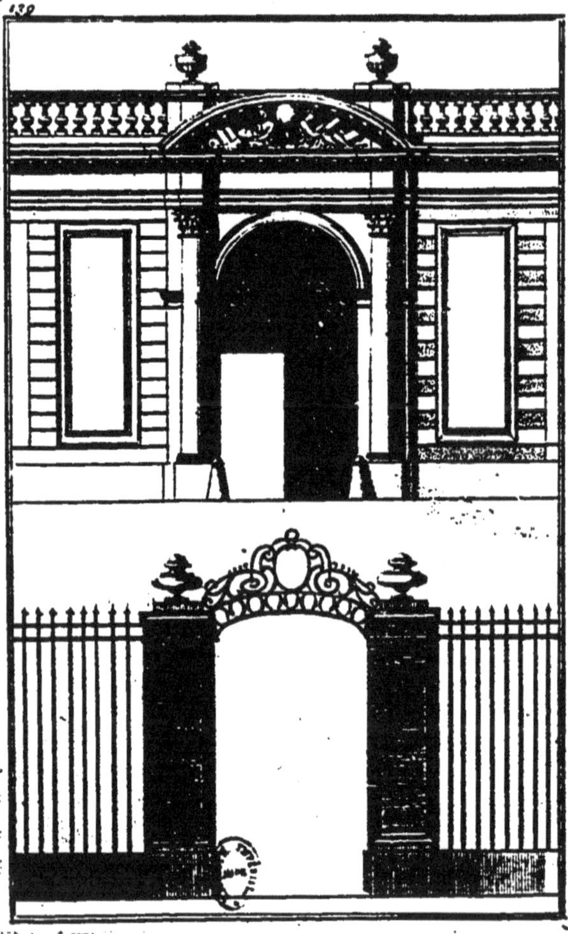

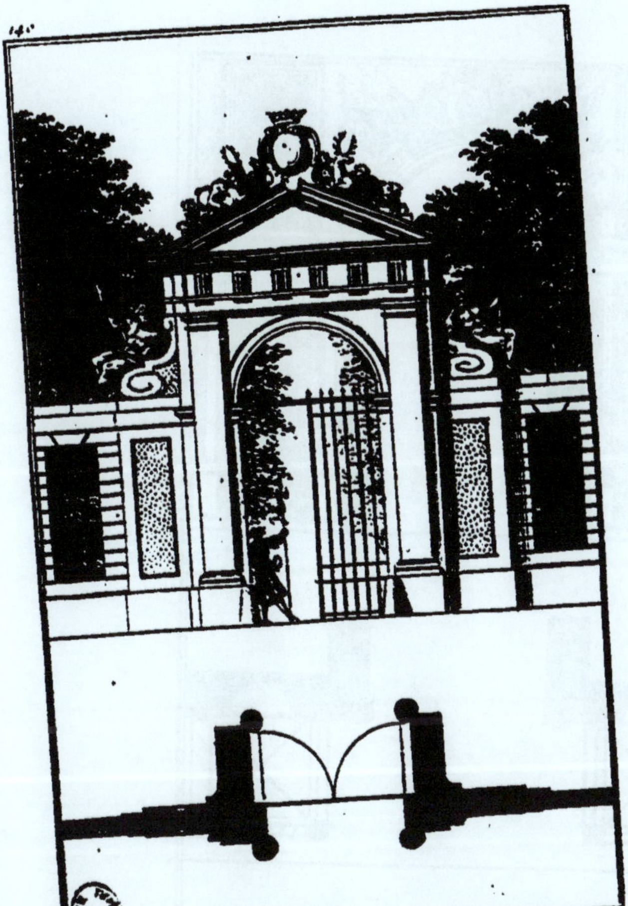

141

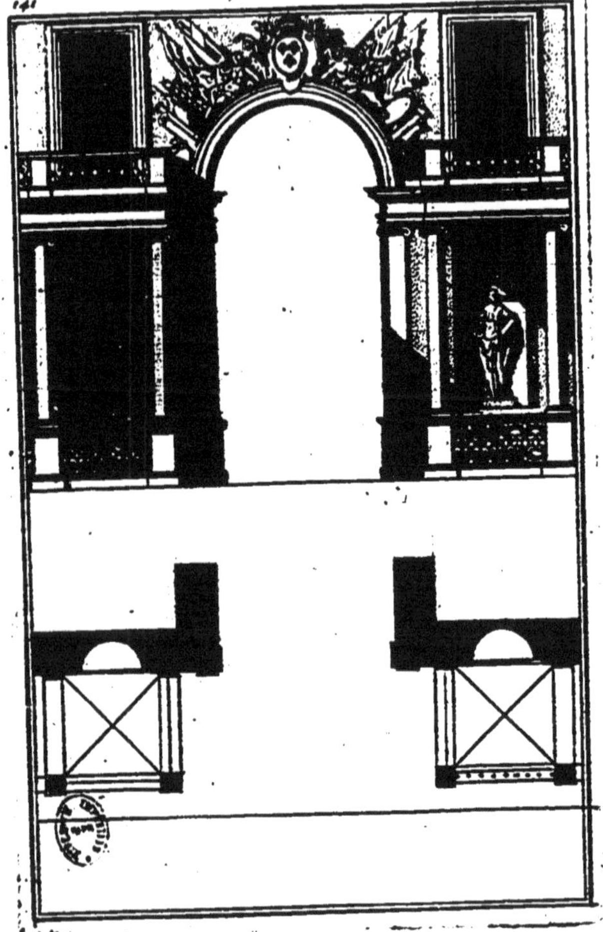

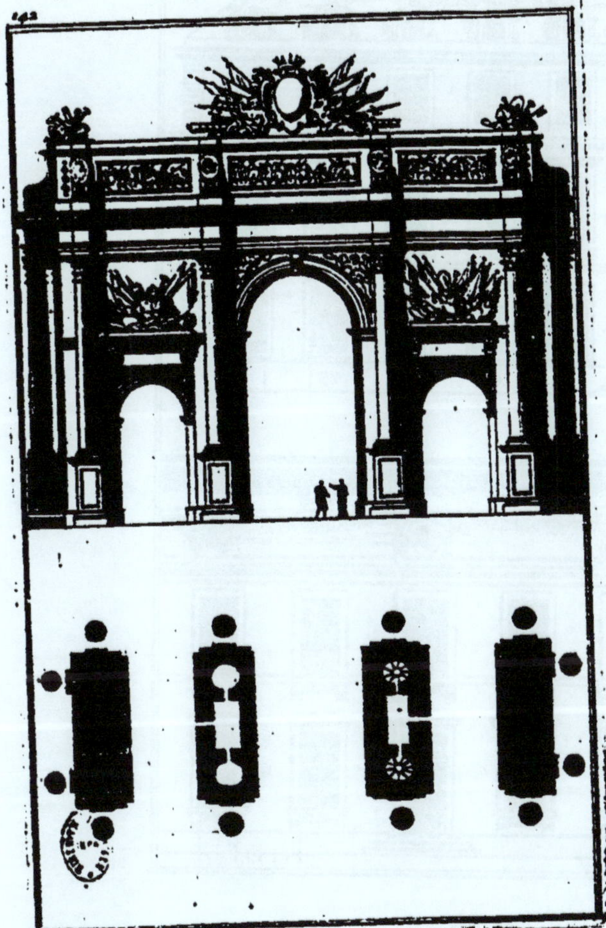

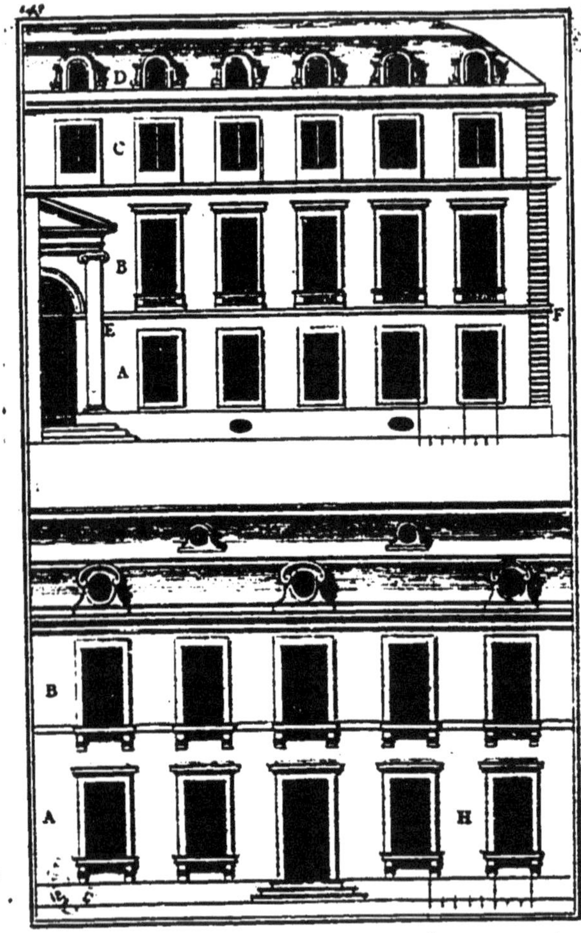
D
C
B
E
A
F
B
A
H

144

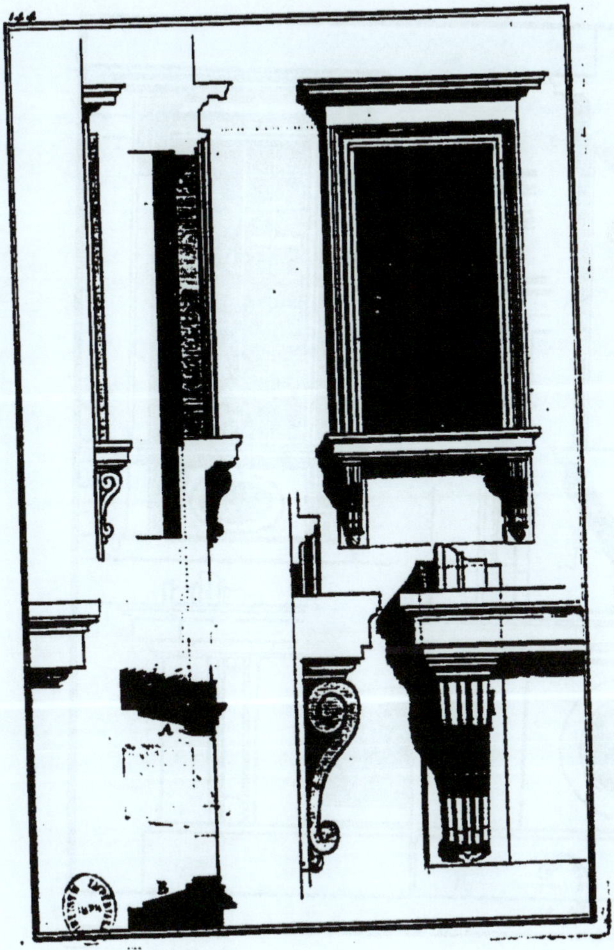

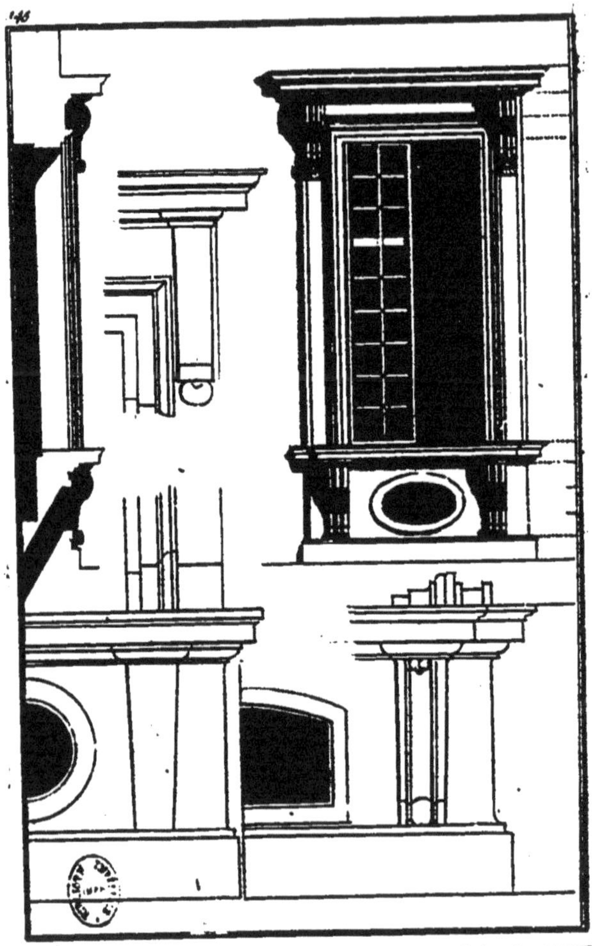

# LUCARNES.

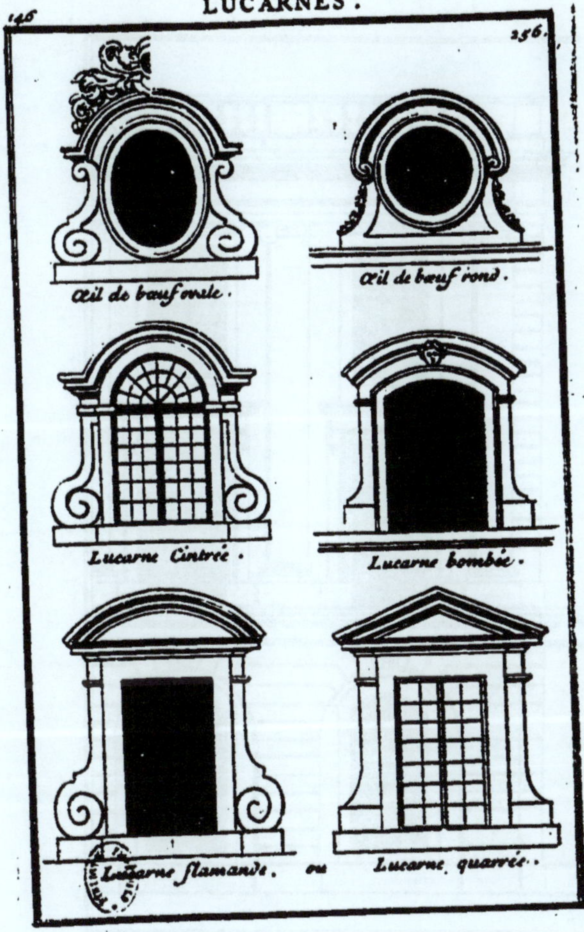
256.
Œil de bœuf ovale.
Œil de bœuf rond.
Lucarne Cintrée.
Lucarne bombée.
Lucarne flamande. ou
Lucarne quarrée.

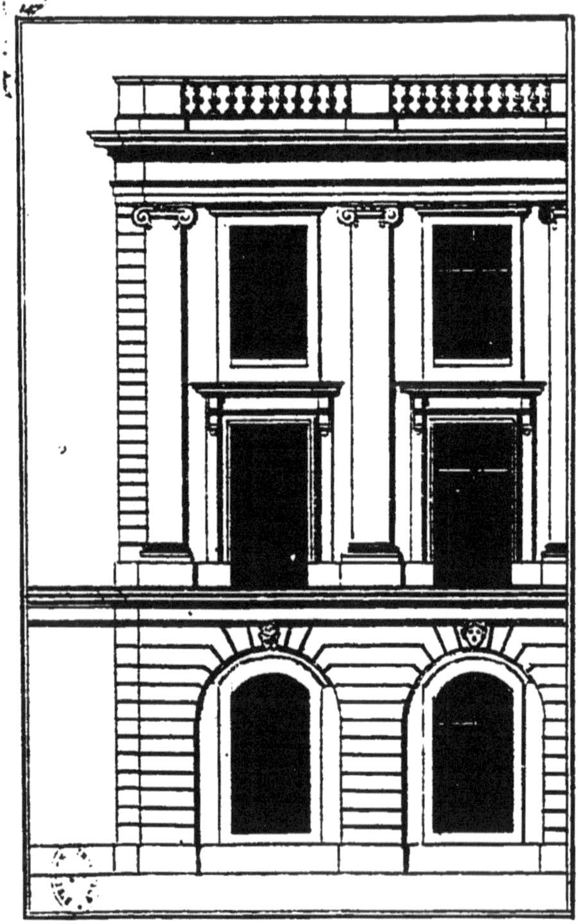

# FRONTON TRIANGULAIRE.

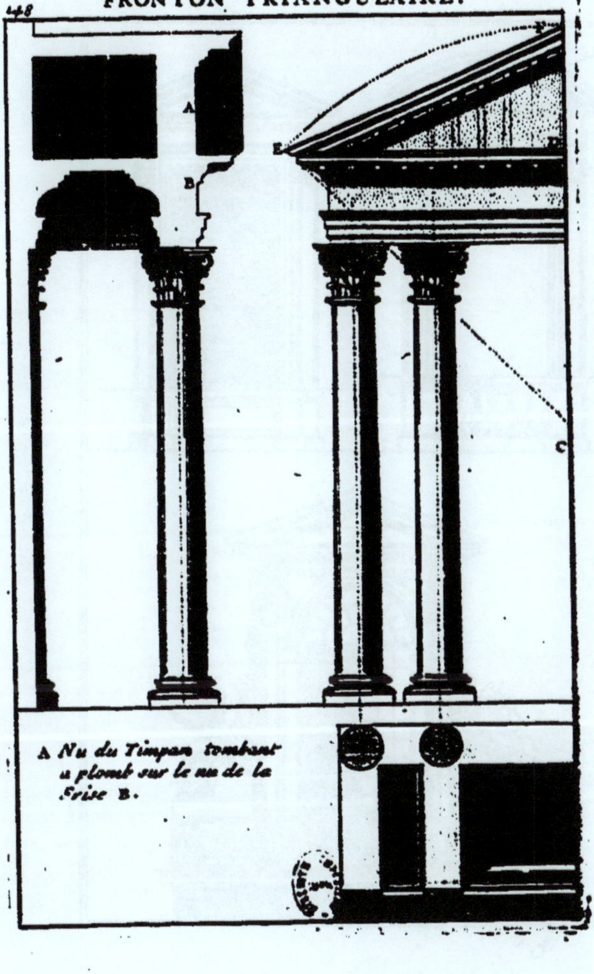


A *Nu du Timpan tombant a plomb sur le nu de la Frise* B.

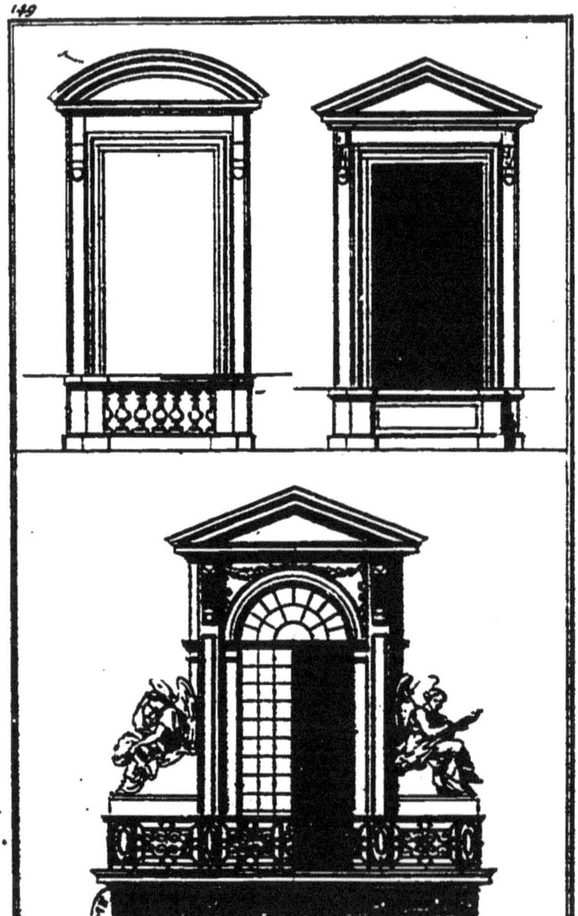

*Crossettes pour les Frontons.*

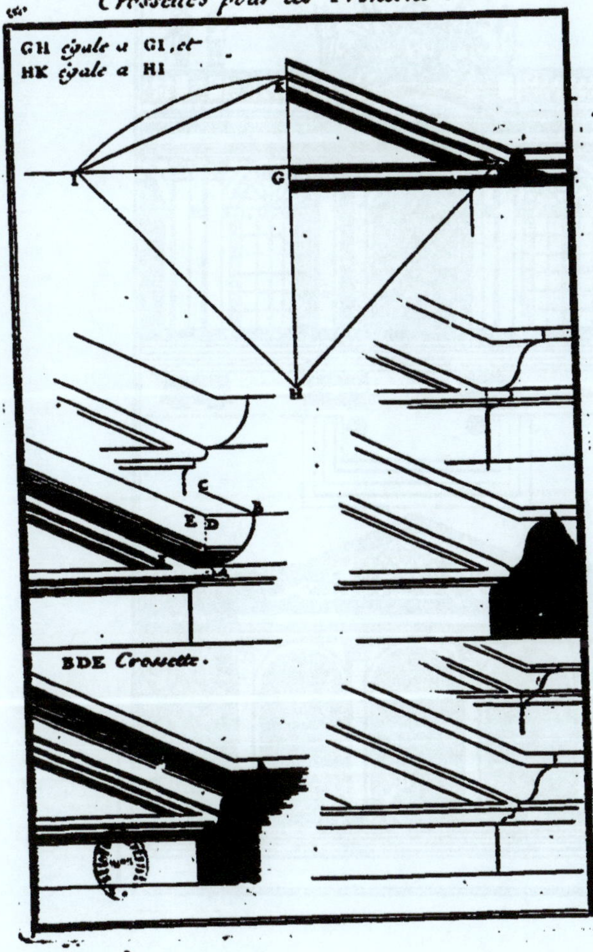

151

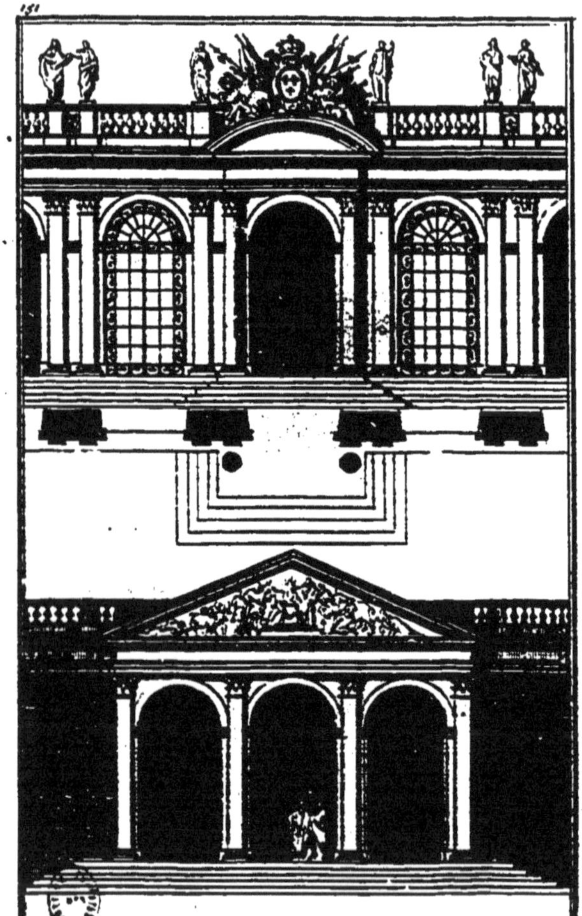

*Diverses figures de Frontons qu'il ne faut pas Imiter.*

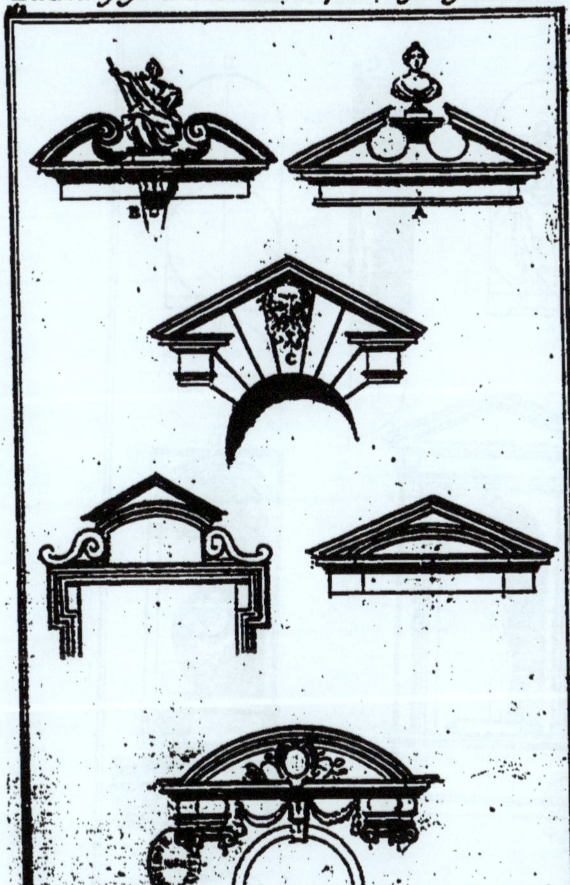

# NICHES.

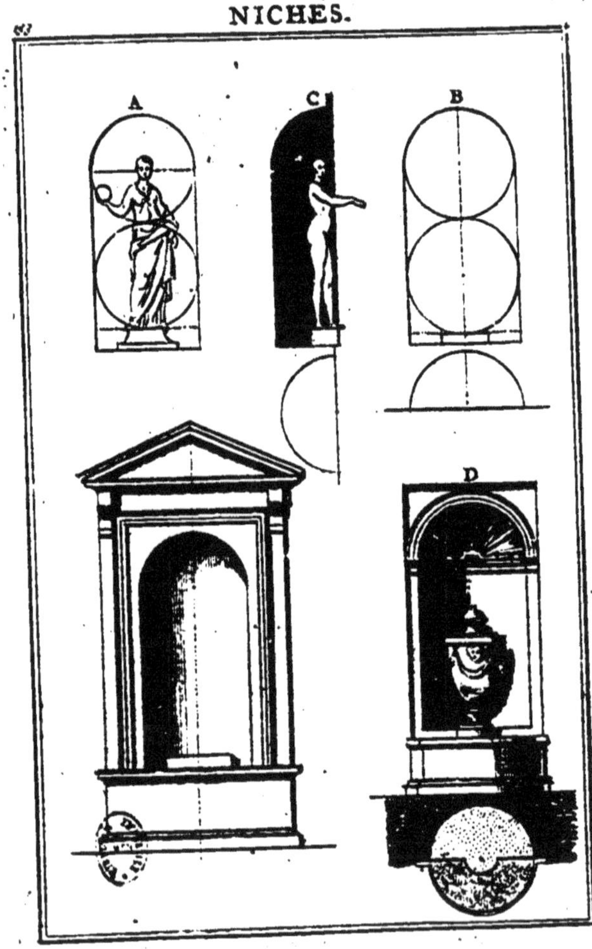

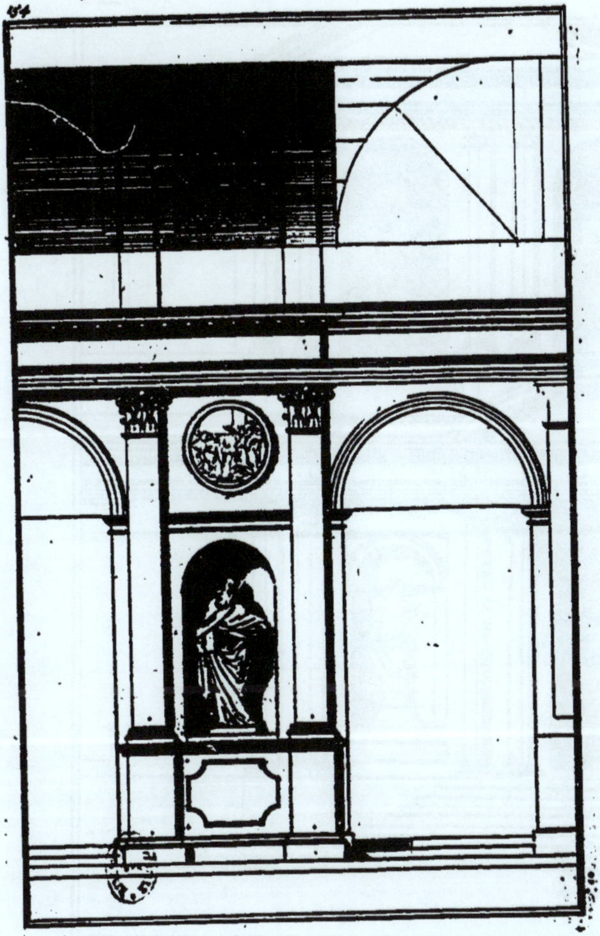

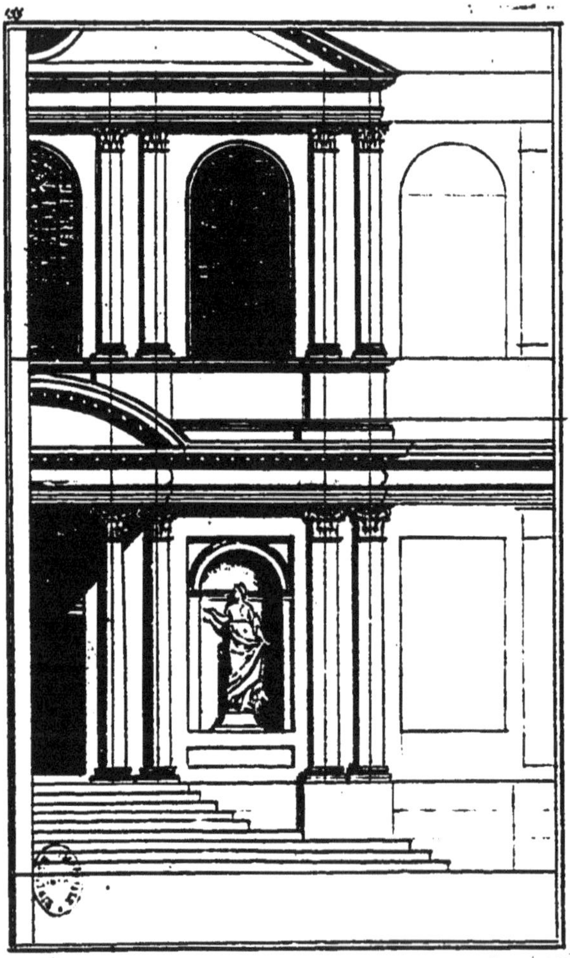

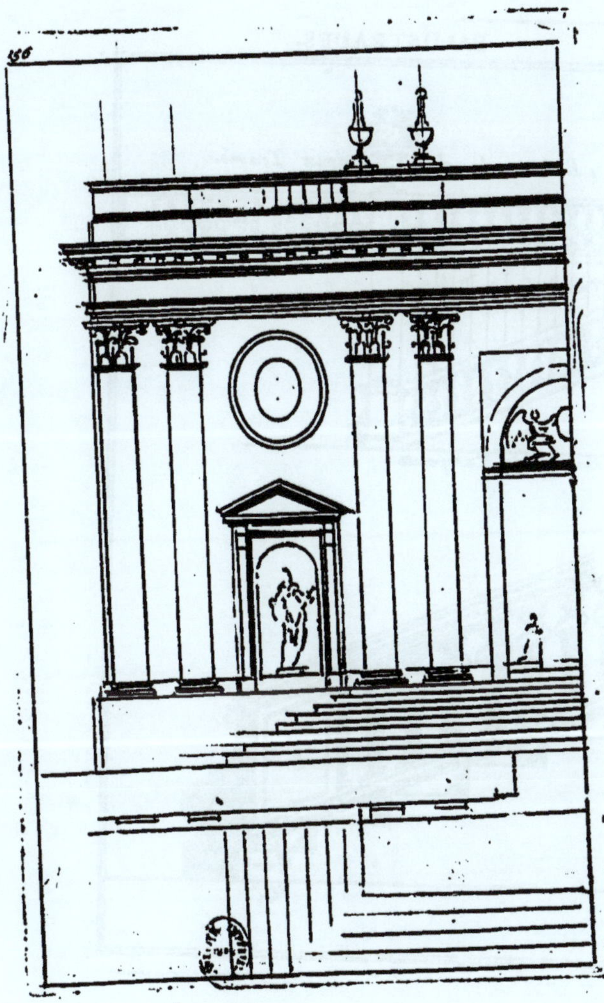

## BALUSTRADES.

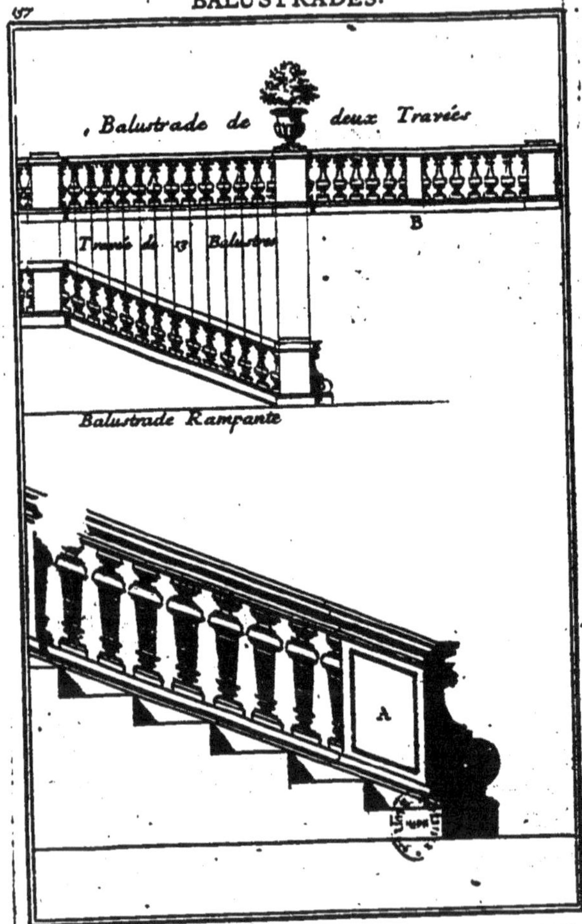

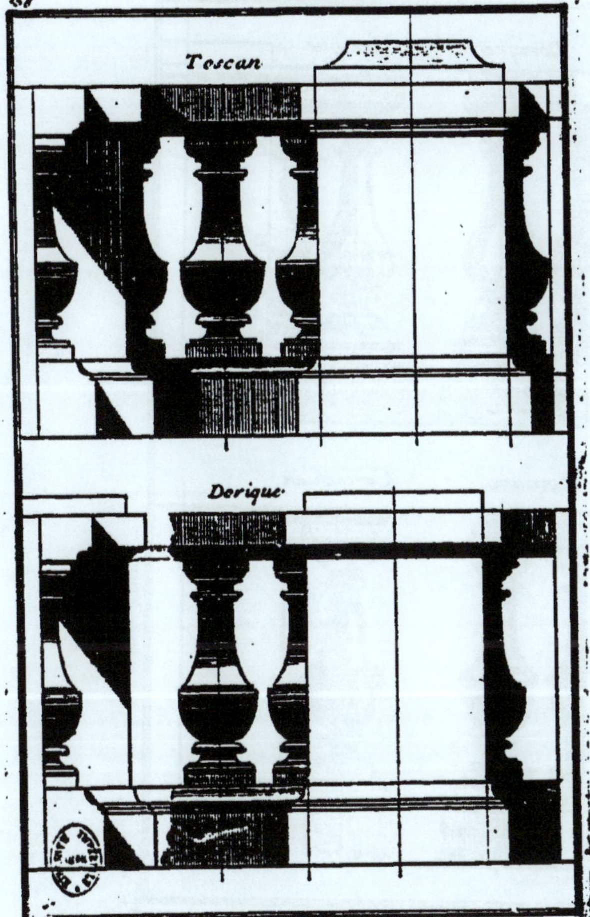
Toscan
Dorique

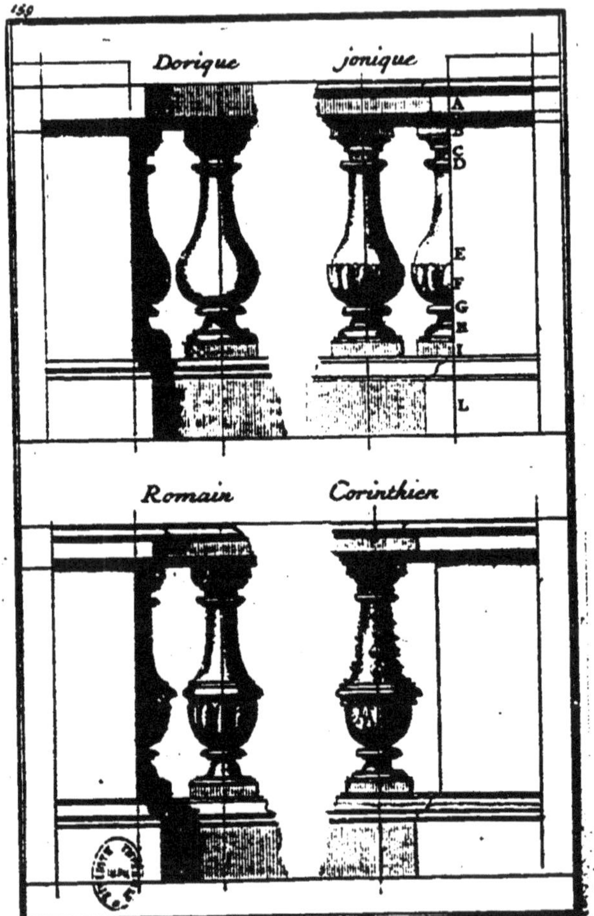
Dorique
jonique
Romain
Corinthien

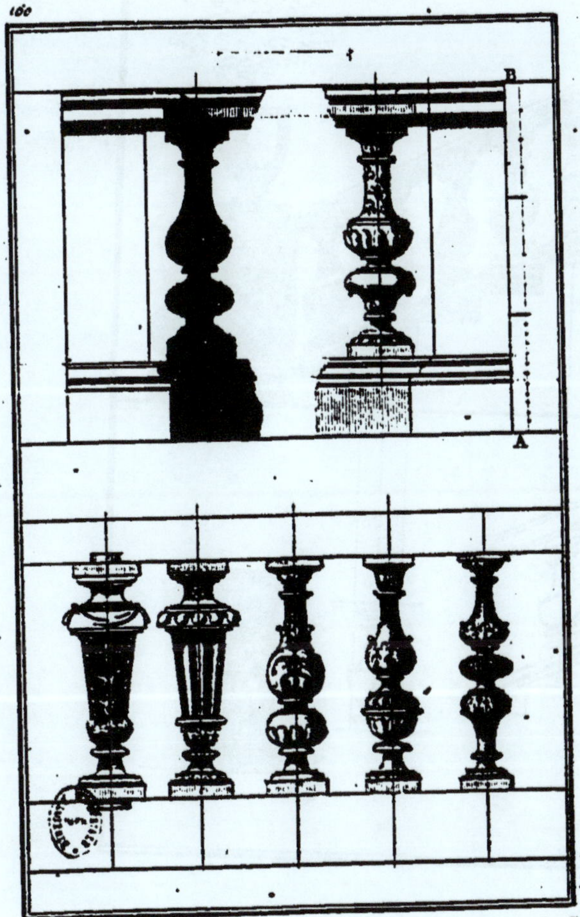
B
A

161

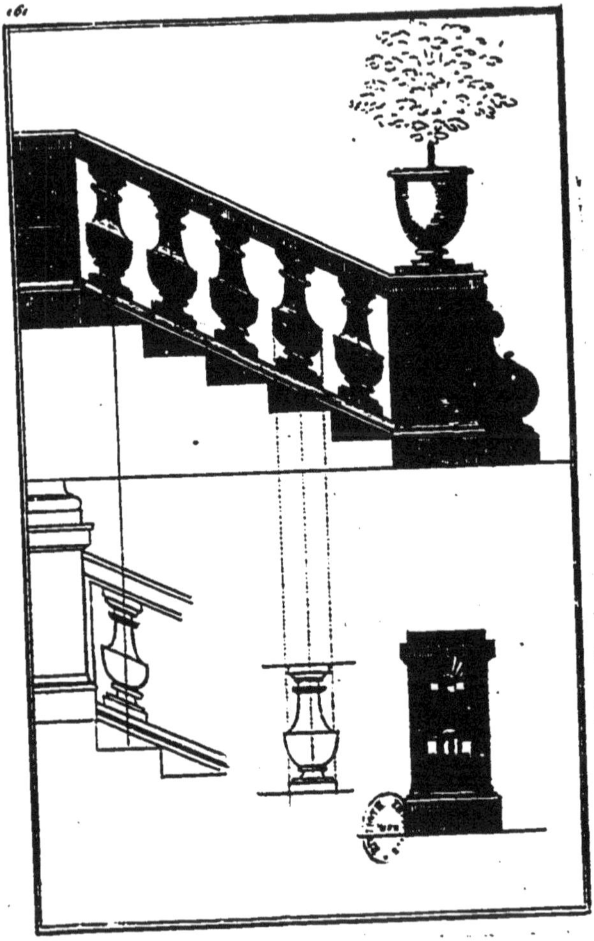

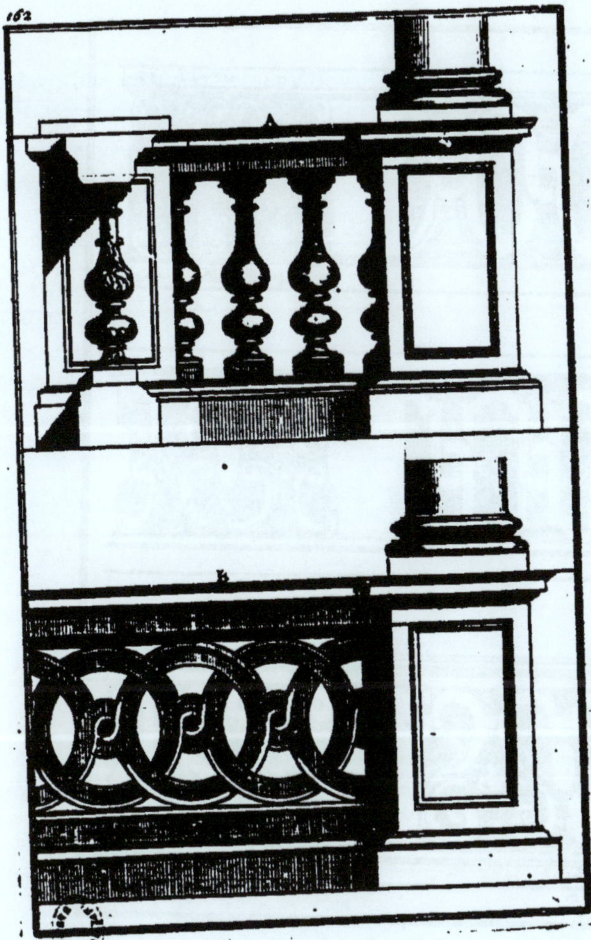

153

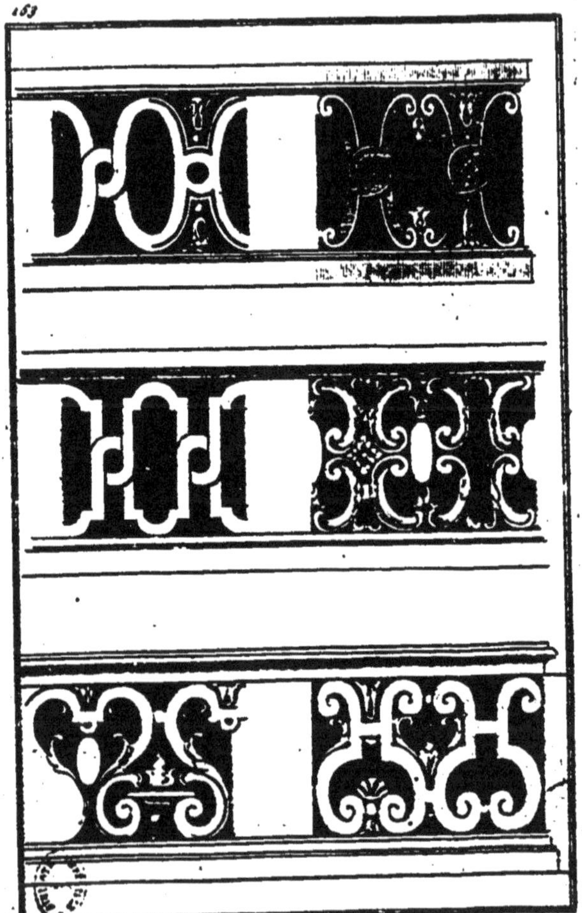

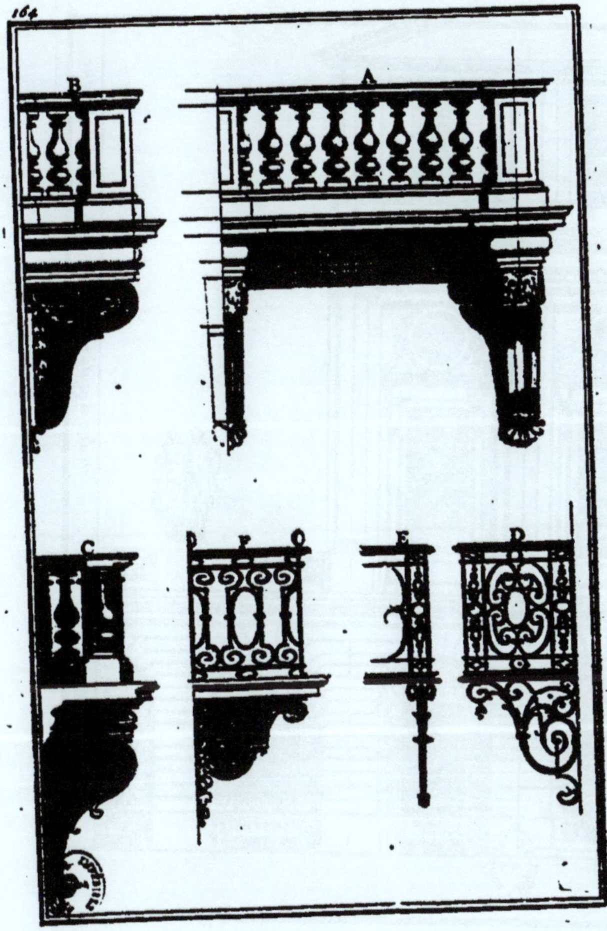
B
A
C
D F G
E
D

163

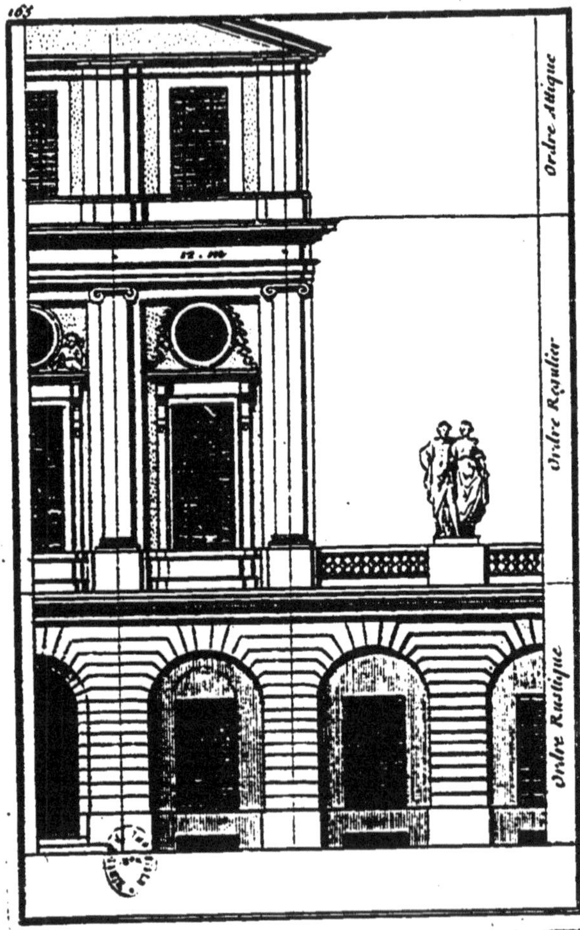

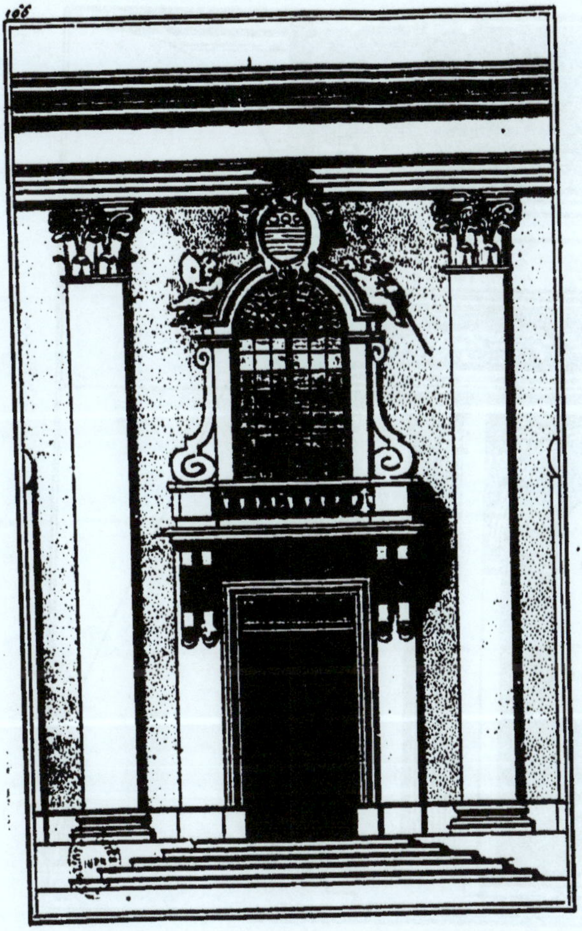

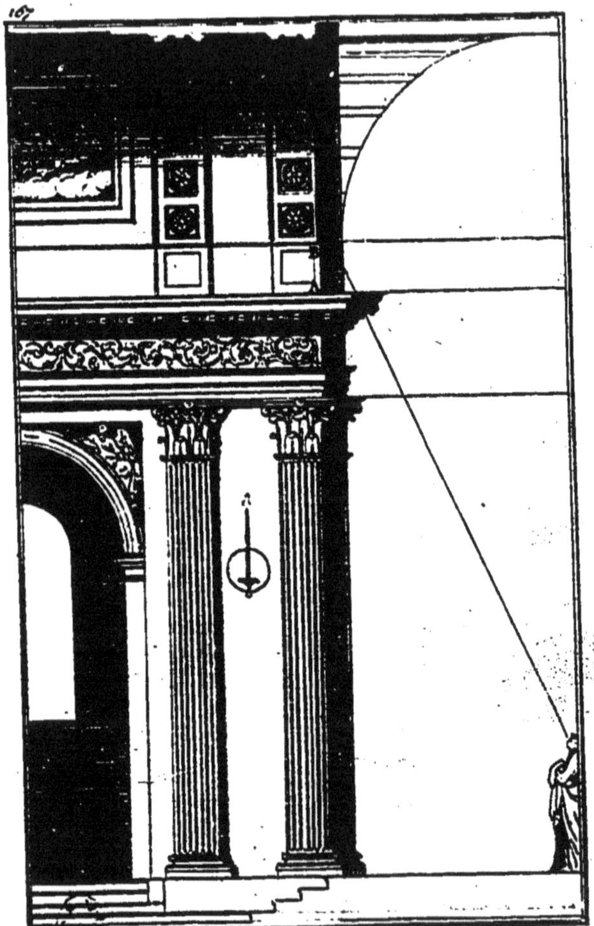

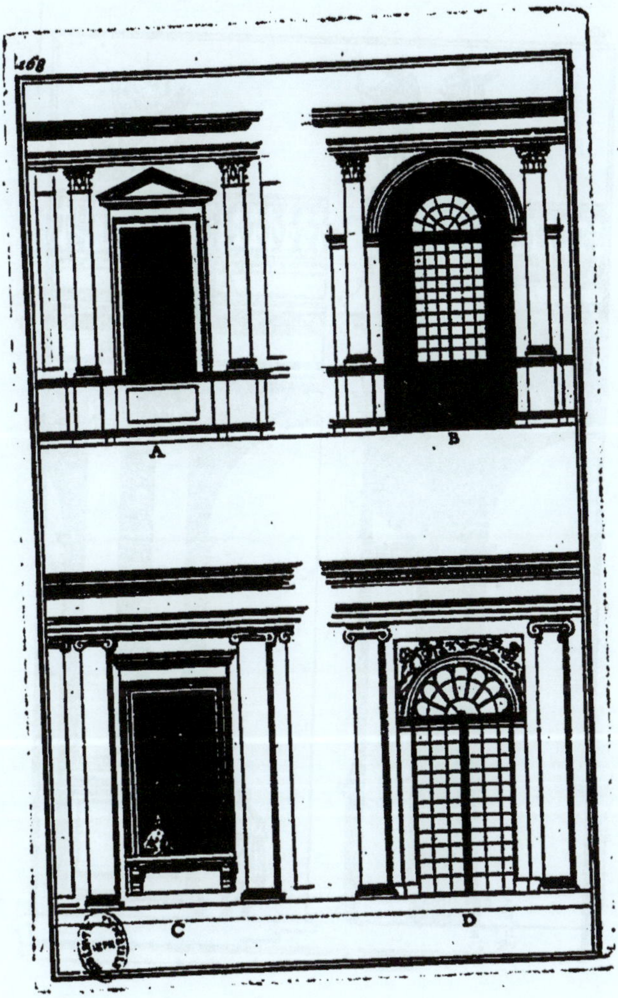
A
B
C
D

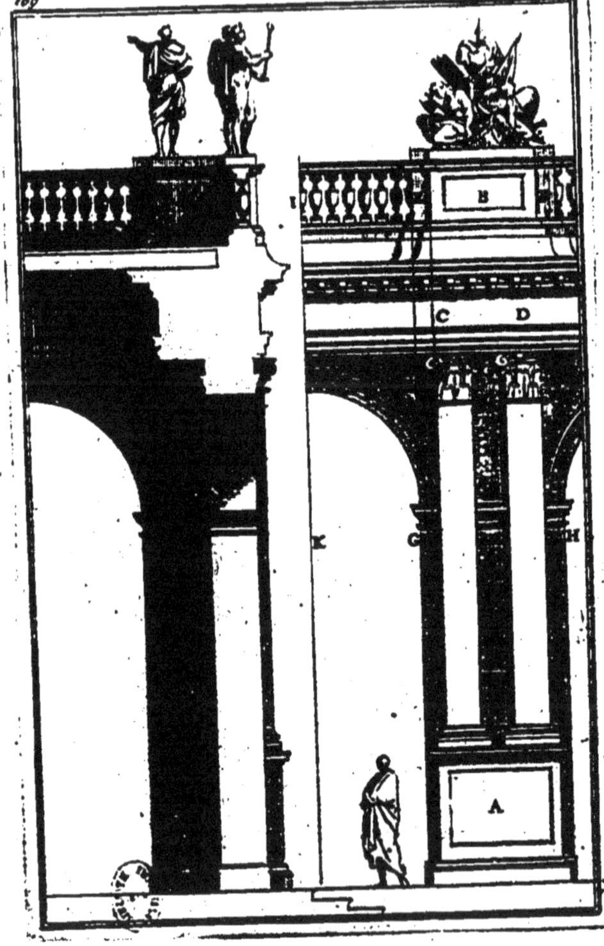
B
I
C D
K
G
H
A

170

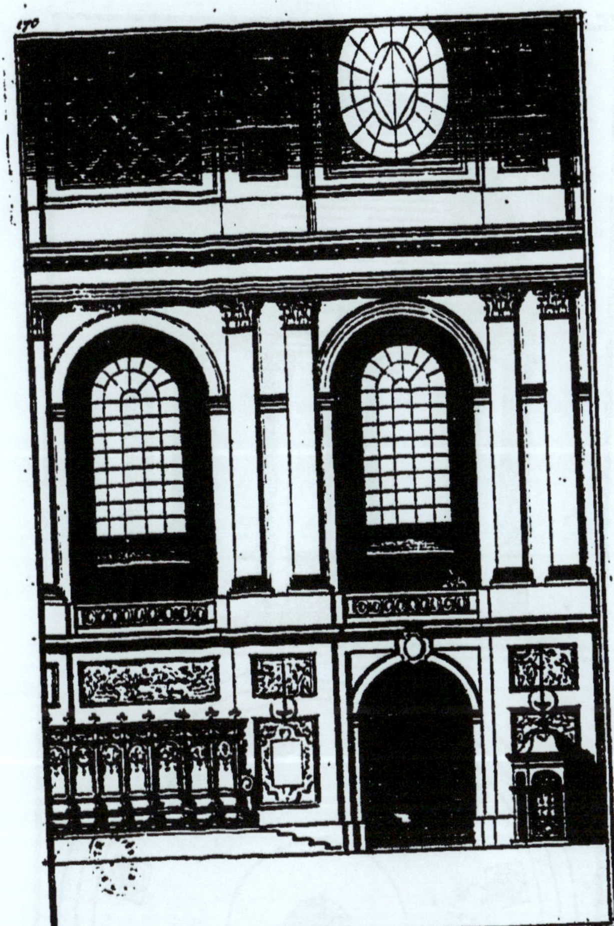

171

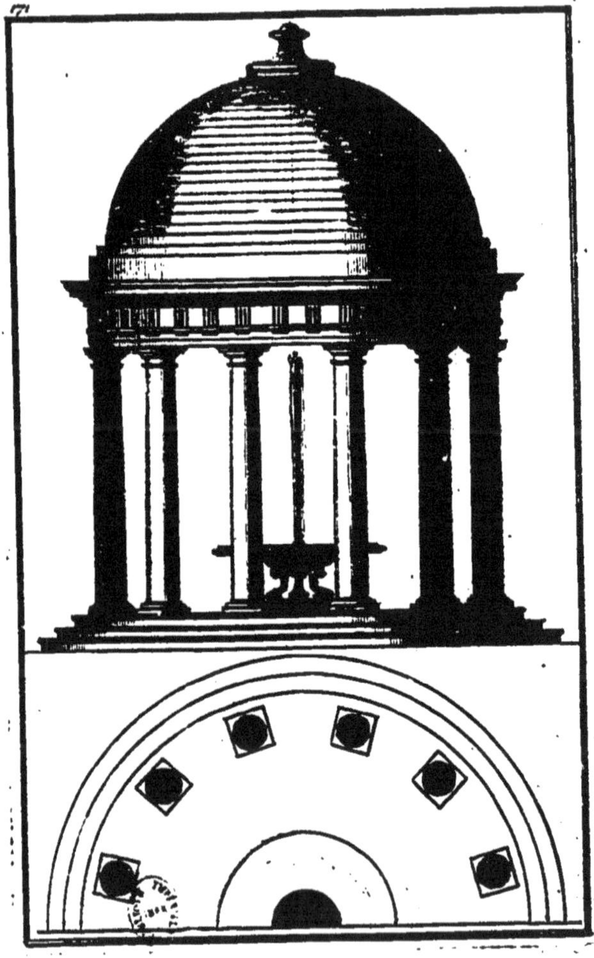

*Composition d'architecture à Eviter.*

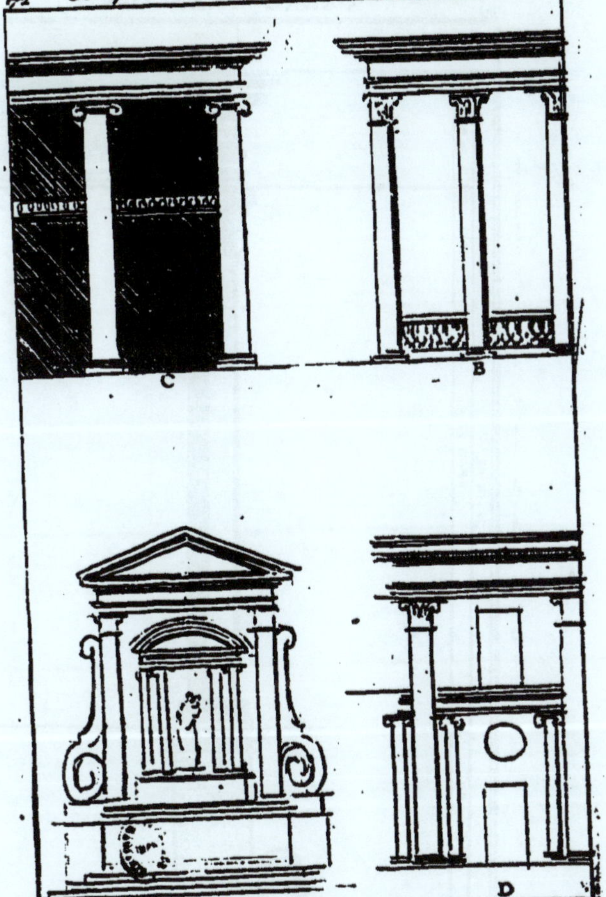

# ORDRE FRANÇOIS.

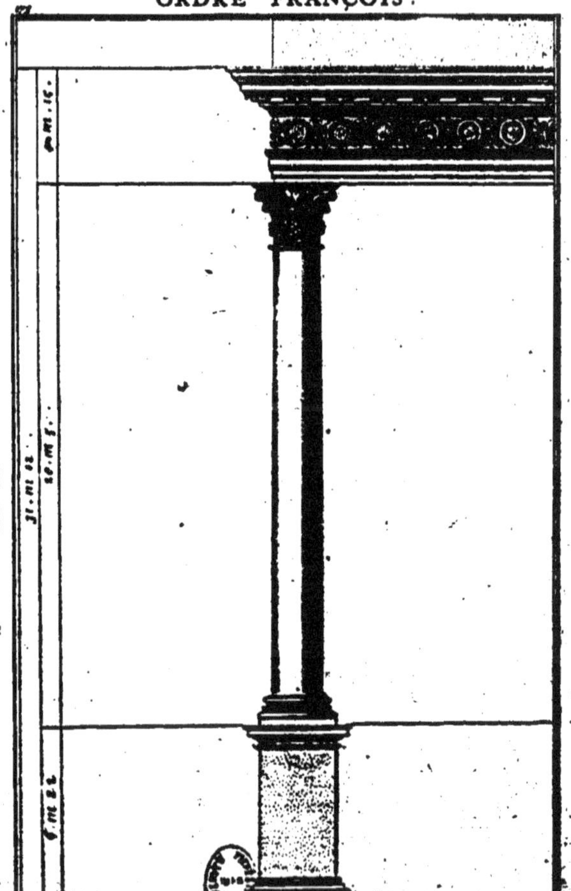

## ORDRE FRANÇOIS.

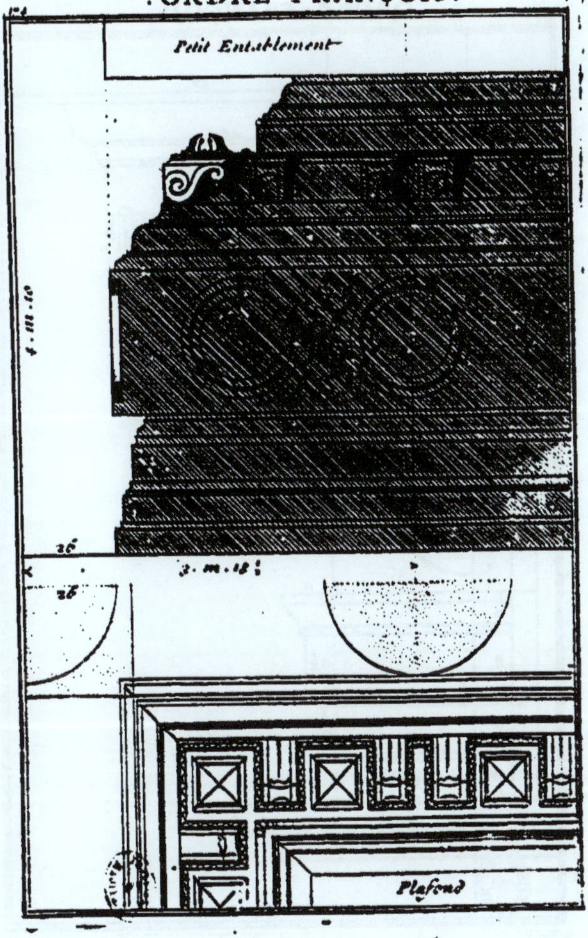

# ORDRE FRANÇOIS.

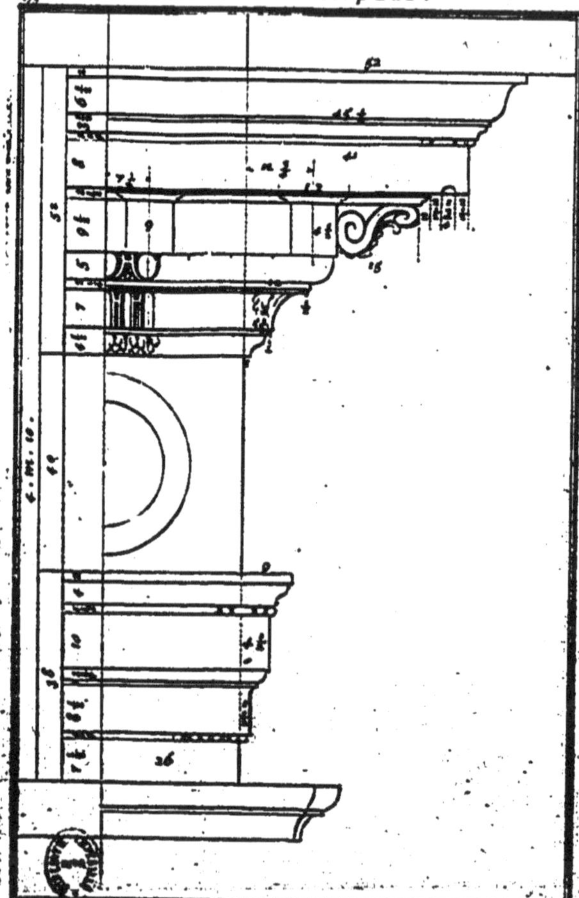

# ORDRE FRANÇOIS.

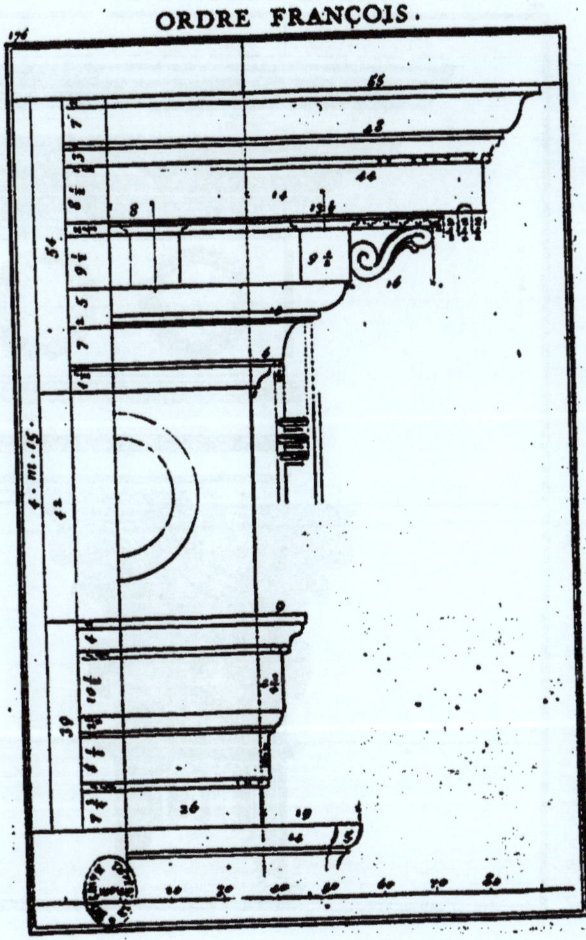

177

# ORDRE FRANÇOIS.

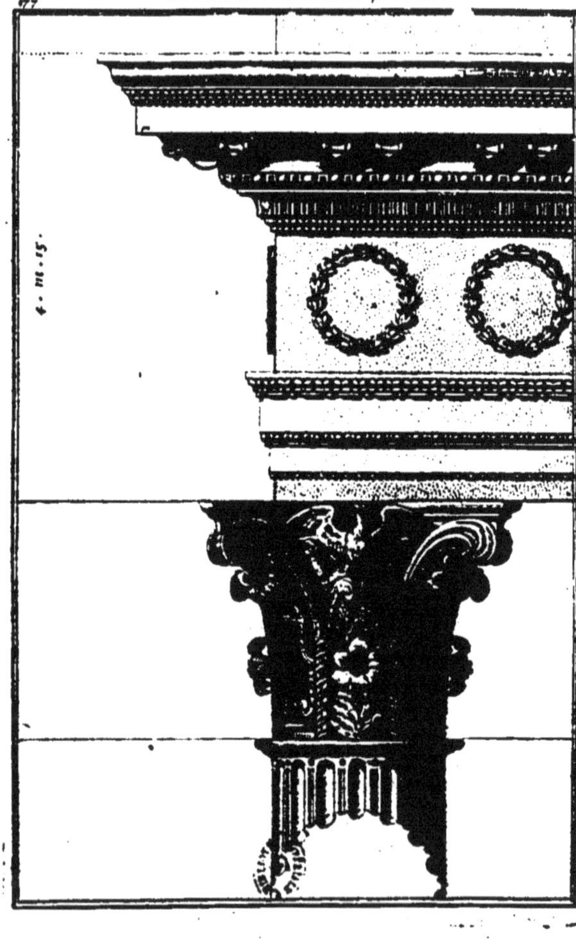

ORDRE FRANÇOIS.

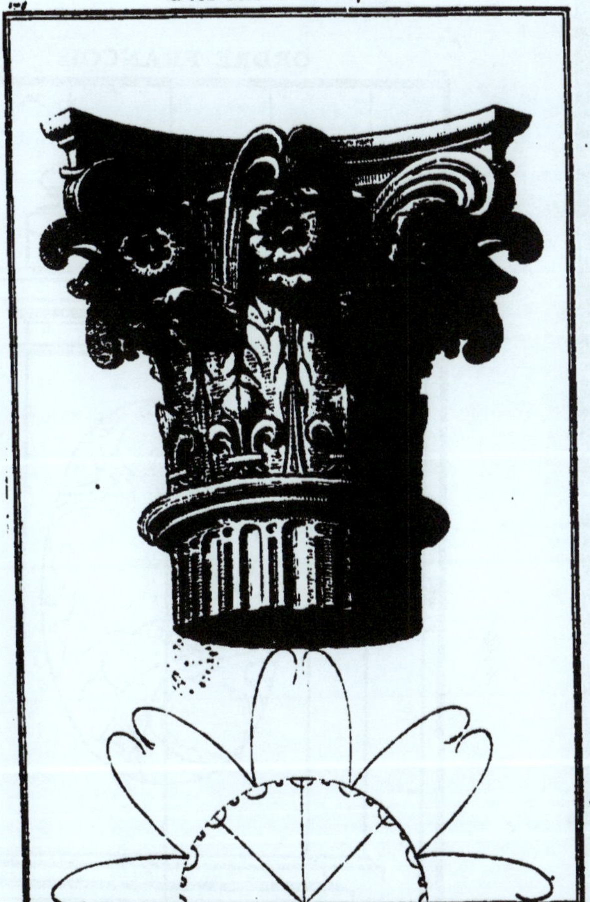

ORDRE FRANCOIS.

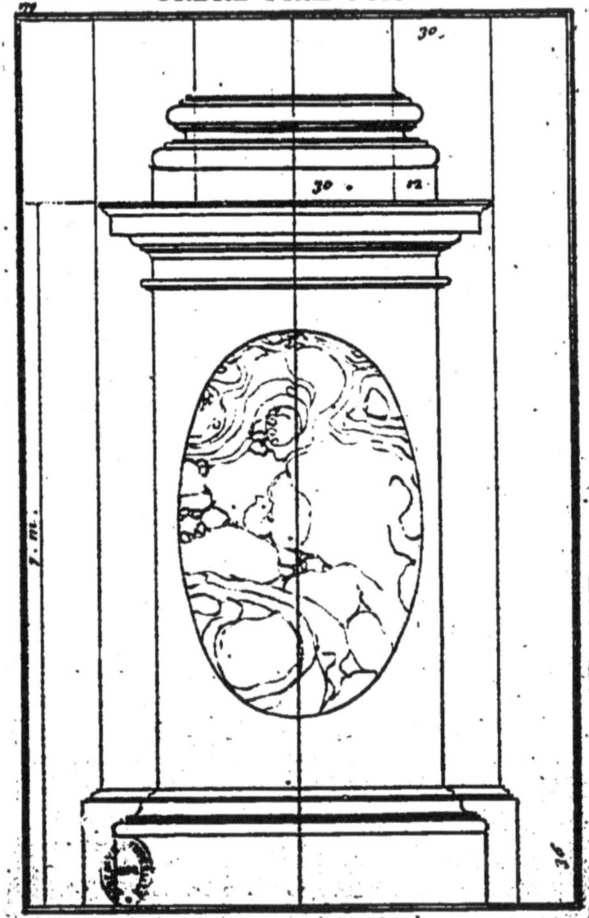

ORDRE FRANÇOIS

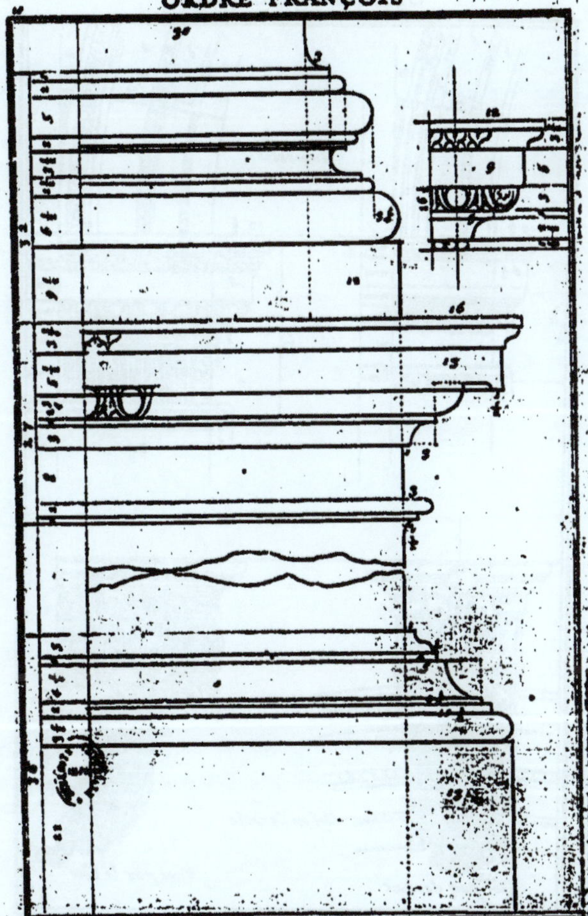

## ORDRE FRANÇOIS.

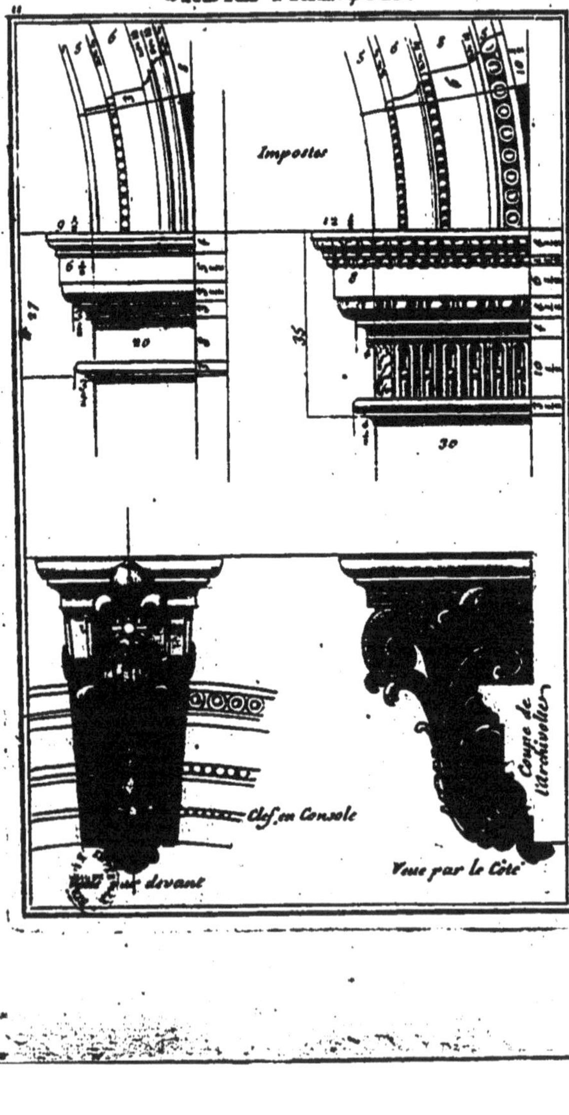

www.ingramcontent.com/pod-product-compliance
Ingram Content Group UK Ltd.
Pitfield, Milton Keynes, MK11 3LW, UK
UKHW031846260826
14628UKWH00002B/622

9 782019 132682